U0931869

謹將本書獻給魏樂德（Dallas Willard）
他的一生是「簡淳不簡素」的最佳寫照。

靈修著作精選

世界很喧鬧，但你仍然可以很簡淳

/增修本/新譯版/

在紛繁的人生中 專一跟從上帝
活出自由的生命

傅士德 著/黃大業 譯

基道出版社

▼

靈修著作精選

世界很喧鬧，但你仍然可以很簡淳

在紛繁的人生中專一跟從上帝，活出自由的生命

Freedom of Simplicity

Finding Harmony in a Complex World

作者
傅士德 Richard J. Foster

譯者
黃大業

審校
基道編輯小組

執行編輯
羅慧琪

裝幀設計
奇文雲海．設計顧問

■

出版 / 發行
基道出版社
香港沙田火炭坳背灣街 26 號富騰工業中心 10 樓 1011 室
LOGOS PUBLISHERS
Unit 1011, 10/F, Fo Tan Ind. Centre, 26 Au Pui Wan St., Shatin, Hong Kong
電話：(852) 2687-0331　傳真：(852) 2687-0281
網址：https://www.logos.com.hk

承印
陽光(彩美)印刷有限公司

●

7/2023 初版
Cat. No. LP679
ISBN: 978-962-457-639-9

刷次	10	9	8	7	6	5	4	3	2	1
年份	2032	2031	2030	2029	2028	2027	2026	2025	2024	2023

目 錄

序

生命之簡淳（simplicity），是需要長時間身體力行之事。本書英文原版初版至今二十五年了，我現在對簡淳生命有何認識呢？我想我認識少了，同時又多了。我如今較不肯定簡淳生命是如何運作，而較清楚上帝這核心（the Center）對生命的果效。昔日我為第一章起題〈簡淳不簡素〉（“The Complexity of Simplicity”），我其實大致只在理論上認識簡淳，如今我較能在經驗上體會簡淳了。箇中的微妙與複雜仍是多而又多——老實說，我多活了二十幾年，面對人生諸般疑難，只益加覺得簡淳的不簡素。坦白說，我不時在心中問自己，甚至喃喃自語：「我懂得甚麼了？」

話雖如此，可是，昔日我給本書後記起題〈簡淳之簡素〉（“The Simplicity of Simplicity”），那就愈發的真實了。我明白了……我知道了……我們**可以**在生活中時刻聆聽基督這大牧者的聲音。我們**可以**先求上帝的國。我們**可以**進入上帝的義。我們

可以歡快地行在地上。我們**可以**活得簡淳而有力。

傅士德（Richard J. Foster）
二○○四年十一月一日

序（1981年版）

這不是一本我自然而然想寫的書。事實上，我十分抗拒這任務。當然最後我將這書寫出來了，但容我將不願寫這書的理由與你分享。

其一，關乎我對簡淳的親身體驗（其實相當貧乏）。究竟我對簡淳的體會夠深，以致不會言行不一嗎？我對那個平靜且得力的生命究竟有何深刻的認識？然後是生活方式——妻子卡路蓮（Carolynn）和我仍會為處理金錢財富而苦惱，我們絕對沒有關於應買甚麼或保留甚麼的最終答案。論到羣體的簡淳，按我的學識，竟然斗膽討論經濟學、世界饑饉、國際貿易這些大而又難的課題？我真心覺得自己是研究簡淳各方面的初哥，我如今仍是這樣覺得。

其二，我對這任務誠惶誠恐，因我知道基督教簡淳是複雜之至的難題。這是可以理解的，儘管十分弔詭。而人生的重要議題，亦很少有簡單答案。我們既要掌握聖經對簡淳的看法，以及歷世歷代靈修大師的豐富傳統，同時也要關心當世時局。再者，上述一切討論必須在我們身處的世界中具有實際意義——就是這個滿是計劃與需索、帳單與預算的世界——而這真的不是簡單的任務。

其三，我很擔心會落入律法主義的陷坑。簡淳是最外顯的靈命操練項目，因此最容易腐化。怎樣可以具體而不僵化？怎樣可以脫離貪婪而不跌進新的法利賽主義？

我還有第四個理由使我對寫簡淳的書小心翼翼，而這是我最大的理由，我會在本書第一章向你詳述。

鳴謝

為這次重寫與修訂出力最多的是史密夫格雷比爾（Lyle SmithGraybeal），他細閱了全部手稿，更新了統計資料及例證，更正了錯謬。第十章〈羣體簡淳：世界〉是全新的，重寫的初稿正出於他手筆——他的經濟學訓練背景在此盡顯無遺。其後我重寫、修訂了他的初稿（因此有任何不足之處，責任全在於我），我謹此向他致謝，因他實在給了我寶貴的意念，這反映在第十章的闡述中。

鳴謝（1981年版）

寫作的人都知道，在出版一本書的背後，付出最多的，總是作者的家人。我的妻子卡路蓮（Carolynn）在我整年投入簡淳這課題期間，百般忍耐，而在我寫作的最後幾個月，她擔起家裏我該負責的所有事，名副其實母兼父職照顧兩個男孩，對此我要獻上無盡感謝。我兩個兒子約珥（Joel）和拿單（Nathan）對我的寫作進度異常關注，而且似乎十分明白跟爸爸的刺激足球對賽，場數必須縮減。我們在我寫作完成後復賽了，而且和以前一樣，我輸掉每場比賽。

作者與編者的情誼獨一無二。Harper & Row 的編輯卡萊爾（Roy M. Carlisle）具備特異才能：他引導而不專制、鼓勵而不奉承，指正而不打擊——有好幾次他獨到的評語為我開啟了嶄新的創作方向，為此我向他致謝。

我很榮幸出席了一九八〇年三月在英國倫敦市郊霍茲登鎮（Hoddesdon）舉行的簡淳生活國際研討會（International Consultation on Simple Lifestyle），結識了來自世界各地的基督徒，讓我大開眼界，得睹各式各樣的簡淳生活見證。

我尤其感謝公誼大學（Friends University）英文系榮休教授克蕾文（Dorothy Craven），她看了我的手稿一遍，並作出不少寶貴建議。我也感謝公誼大學一個閱讀小組，他們聽我讀出大部分手稿，並在我寫作期間不斷鼓勵我。

很多人讀過我手稿的全部或部分，並且給了我許多寶貴意見，包括：博爾丁（Kenneth Boulding）、弗理森（Harold Friesen）、欣肖（Verlin Hinshaw）、梅西（Howard Macy）、納爾遜（Raymond Nelson）、羅索夫（Tom Rozof）。我要感謝布賴特普（Leroy Brightup）和科普（Harold Cope），他們不斷鼓勵我撐下去；還有皮茨（Marilyn Pitts）和佩恩（Wanda Payne），他們幫我手稿打字。

上述及其他許多我身邊的人，令這本書得以成形，我萬分感激他們。他們實在是活生生的教會之聲——*vita vox ecclesiae*。

譯註

近日關於人工智能（artificial intelligence, AI）的討論沸沸揚揚，包括哪些行業即將面臨淘汰（翻譯是其中之一）。就連我這樣一個自由譯者也不斷被問：這世界還需要找人翻譯嗎？人可以做到的，有哪樣是AI或遲或早做不到的？

我其實不大認識今日AI的翻譯實力，我只知道要為本書的鑰字simplicity及其相關詞simple尋找合適的譯詞，實在是大不容易，因其包含了相當廣而深的意思，難以用一兩個詞去統譯。

本書英文原版初版於一九八一年出版，寫於傅士德（Richard J. Foster）一炮而紅的《靈命操練禮讚》（*Celebration of Discipline: The Path to Spiritual Growth*）出版三年後，惟中文譯本在一九八七年始面世，書名《簡樸生活真諦》。上世紀八十年代香港教會，對「簡樸」的討論不算熱烈，起碼遠不如「靈命操練」一般興高火熱——不過香港信徒對十二項靈命操練是選擇性接收的，其中「簡樸」恐怕備受忽略，也許當時香港社會尚算不太豐裕，大家覺得自己生活已夠簡樸了吧——而這正是「簡樸」一詞隱患所在：提起簡樸，人大多聯想到物質/身體層面的事，但傅士德所說的simplicity含義遠超「簡樸」，而且重點在乎精神/靈性/信仰的層面，包括：單純、質樸、誠實、專一、清純，此外也有簡明、簡單、簡約、簡易、簡素的意思，端看上文下理而定。

「簡樸」的意思既在不意之間被縮窄了，在今時今日重譯本書，就有尋找新詞去表達simplicity的需要。譯者最後選了「簡淳」二字，一來「淳」與「樸」同義，亦有「誠、純、清、簡」之意；二來新詞盼可注入新的內涵（起碼沒有一些前設的內涵），讓讀者在沒有思想包袱之下感悟simplicity的可能含義。事實上，Christian simplicity（基督教簡淳）在本書蘊含的意義，確然涵蓋物質/身體與精神/靈性/信仰各個層面，乃是整個人以至整個社羣之事。

是為註。求主鑒察，願人悅納。

黃大業　謹識

根基

1

簡淳不簡素

The Complexity of Simplicity

力求簡淳——並時刻存疑。

懷海德（Alfred North Whitehead）

當代思潮瀰漫對「擁有」的追捧。人不曾考究，卻會誇誇其談：美好生命建基於積聚，而且「愈多愈好」。我們對這說法早已深信不疑，以致今日社會對財富的貪慕已呈病態：與現實大大脫節。再者，現代世界節奏令人益加陷入斷裂與分割的狀態。我們感到焦慮、匆促、透不過氣。生活很艱難，必須趕急成就更多、積聚更多，這種威逼縈迴腦際，揮之不去；人人營營役役，苦無出路。

基督教簡淳救人脫離這現代式躁狂，讓人在失控的奢侈中注入理智，在忙亂的心靈裏引進安穩。簡淳讓人卸下如威廉．佩恩（William Penn）所說的「重擔」（cumber）。簡淳使人看清物質本相——乃為提振生命，而非貶抑生命。人，才是重點所在，是超越物質財產的。簡淳讓人能夠坦蕩蕩生活，面對「地球村」諸般駭人現實。

基督教簡淳並不只是熱潮，為回應將要吞滅世界的超級生態災難，也非出於對科技過度擴張的憤慨。基督教簡淳是上帝給每個基督徒的召命。簡淳生活見證，實在深植於聖經道統，而且完美呈現於耶穌基督生平。觀乎一切靈修大師著述，都以不同方式強調簡淳的本質。可以說，當福音信息在人生命中生根，就必然且自然地活出簡淳來。

基督教簡淳不僅回應現代危機，更需注意的是，它與今日世界的重大問題息息相關。迫在眉睫的赤貧與饑饉，已達人類史上前所未見的程度。就在你我今晚入睡之際，就有近一萬人死於飢餓——每小時超過四百人的速率。數以百萬人口活在瀕死邊緣，他們營養不良，沒有將來，絕望沮喪。統計數字是冷冰冰的，就算明知它代表了基督捨身相救的一個個寶貴生命，我們仍可能會無動於衷，但面對活生生的人物——譬如納古素（Kallello Nugusu）的故事，我們就不可能無動於衷：當饑荒臨到埃塞俄比亞，納古素不得不將自己兩頭公牛賣掉，才可養活妻子及六個兒女——但公牛去後，他再無能力耕種農田，於是生計斷絕。當被問到他的將來，他回應說不知如何打算。他兩手抱頭，幽幽說：「我的孩子餓著哭了，我覺得自己沒有資格做爸爸。」[1]

這些報導深深觸動我們，但我們只感到愛莫能助。我們可以怎樣回應——既要忠於良知，又要真有實效？面對上述及其餘無數的社會不公不義，我們需要一個策劃行動的立足點，而操練簡淳就是這個立足點。在簡淳的沃土裏，可以生發個人、教會、企業層面的行動。

我們深陷的另一掙扎，是紛至沓來且苛索不止的諸般差事，就像童話中傑克的魔豆豆莖（Jack's beanstalk），我們的職責似乎在一夕之間升到天際！我們被放在競技場的中央，不但要掙錢，也要盡家庭及職場的責任，無數任務與會議使我們氣喘吁吁。對真心想做好正確之事的人，這問題尤其要命——忠誠的我們在忙亂中企盼能夠回應**所有**事奉呼召，以致未能辨清基督的聲音，甚而陷入人的支配宰制中。因著要持守誠信，我們情緒低落，匍匐而行。

但我們毋須被生活苛索得沮喪消沉。從簡淳而來的基督恩典，可領我們進入一個平靜且得力的「核心」（the Center）。我們可以效法祈里（Thomas Kelly），親身體驗上帝「永不會領人進入無法按捺的爭鬥與紛擾之中」。[2] 通過簡淳，我們進入深渺的靜默中，這靜默是起初上帝造人時已經預備的。教宗若望二十三世（Pope John XXIII）說得好：「我愈年老，愈能感受簡淳在思想、行為、言語中的價值與完美——惟願能夠簡化一切複雜事物，並以最自然最清明之心去看待每事每物。」[3]

簡淳不簡素

簡淳為現代人所面對的矛盾提供了答案，惟這答案並不**簡易**。簡淳（simplicity）與簡化（simplism）不可混為一談。你若想從本書獲得通往全然簡淳的四個簡易方法，必然會大失所望！簡化的答案——正如其本質所示——不可能幫你體會生命的豐富、秩序、複雜。

無論是端詳望遠鏡裏的宇宙，還是顯微鏡裏的宇宙，都必令人讚歎受造秩序的複雜。從銀河到螞蟻到原子，箇中的精巧與繁茂，都教人嘖嘖稱奇。正如我們的大腦，它是名副其實的複雜構造，包含千億個神經細胞。此外更大的奧祕——人的意識——更是遠超想像所及。詩篇作者所言非虛，我們「受造奇妙可畏」。

基督教簡淳與生命的複雜秩序並行不悖。基督教簡淳堅拒為艱深難題提供簡化、公式化答案。正正如此，基督教簡淳予人自由空間，從而理解當代社會的複雜議題，並作出合宜的回應。但若心懷二意，則只會愈覺混亂和費解。心靈僵化者，就難明白簡中之繁；心懷二意者，就不能理解紛中之合。

我們由此進到議題的核心弔詭：簡淳不簡素。基督教關乎簡淳的教導包含著弔詭，實不應教人意外——基督的生平與教導，都帶著弔詭意味：要得著生命，就要失喪生命（太十39）；透過給予，方能接受（路六38）；既是和平之君，又帶來刀劍紛爭（太十34）。心存簡淳，就能明白主的話，因為生命體驗可以印證上述弔詭說法；惟有傲慢與反智之徒，總被上述弔詭絆倒。

當然，所謂弔詭，不過看似矛盾，其實並不矛盾。要發現弔詭所蘊含的道理，就要維持兩端教導之間的張力——雖然兩端皆承載真理元素，但若只強調某一端而排斥另一端，箇中道理就會扭曲變形。譬如說，我們宣稱（我信這是合乎中道）上帝既內住（immanent）又超越（transcendent）——既存於受造萬有之中，又超乎受造萬有之外。假若只強調內住而排斥超越，最終結論會是種泛神主義；但若只強調超越而排斥內住，最終結論會是一位抽離、冷漠、造出萬有然後揚長而去的上帝。如果只單單擁抱教導的一端，箇中道理必遭扭曲；但若維持教導兩端的張力，就能找到亞伯拉罕、以撒、雅各的上帝。又譬如上帝的愛與公義，基督的神人二性，以及聖經中其他許多例子。總言之，在思考簡淳的同時，必須維持教導兩端的張力，才可領會這重要的基督教德行。

其中一個要緊的弔詭：簡淳既是恩典，又是操練。有一首貴格會古老聖詩，道盡這弔詭的精義——它一方面快樂地宣告：

簡淳是恩賜，
自由是恩賜。

另一方面又宣告：

要做好，要做好，
要做好為止。

簡淳是恩典，因為是上帝所賜，非人可以靠賴意志或改變自己而達致。簡淳是透過上帝恩典領受的禮物。「裁縫漢斯」（Hans the tailor）的故事也許可作說明：裁縫漢斯聲名遠播，城中一個巨賈想添置大衣，就跑到漢斯的店要求度身訂造。幾天後巨賈回到店鋪試身，發現一邊衣袖扭向這邊，另一邊又扭向那邊；一邊肩膊隆起，另一邊卻塌陷。巨賈花盡力氣，扭動曲身，終於將這古怪的大衣穿上身，但不想惹人注目，於是快快謝過漢斯，付錢，即乘搭公車回家。不料公車上一個乘客不住打量巨賈，審視他的奇裝異服，最後更問他這身打扮是否出自裁縫漢斯的手。巨賈將真相告之，乘客說：「唷！我知道漢斯手藝非凡，卻不知道他也可以為你這樣一個身材怪異的人，做出合身的衣服啊！」

我們也像那個巨賈，以為看到了簡淳是甚麼模樣，然後不斷屈就自己，扭手曲腳，只為「迎合」那形象——然而簡淳不是如此得來的！簡淳是悄然而至的——是一種嶄新的驚喜、專注、認真，不期然便注入了我們的性情中。我們因此改變生活方式，甚至自發甘於貧窮，覺得這明顯不過是正確與應分之事，並確信能力會伴隨呼召而至。一切渾然天成。簡淳是恩典。

當然我們不可忽略張力的另一端：簡淳也是操練（discipline）。簡淳是操練，因為我們是蒙召去做一些事。簡淳是人刻意選擇的行動，觸及羣體及個人的生命。人的**作為**不會令人獲致簡淳，卻可予人達至得以領受簡淳的地步，讓上帝得以在這生命裏賜下簡淳的恩典。那是重要的預備，是耕耘，如保羅所言，是「順著聖靈撒種」的工夫。

也許我們要學習一個說法：「經操練的恩典」（disciplined grace）。這豈非關乎信心與行為的共生聯結的一大真相嗎？我們得救是「唯獨信心」（*sola fide*），只因信，但沒有行為的信心是死的。福音的落實乃本乎恩，卻帶著靈命操練的印記。

基督教簡淳緊密相聯的第二個弔詭：既容易又困難。說它容易，因它跟一切基督教恩典同樣道理，只要成了基督徒生命的內在習性，就會變得容易，正如呼吸是容易的。道德哲學家宣稱「德行是容易的」，道理也是一樣——只要德行植入了性情中。對很有造詣的音樂家而言，演奏柴可夫斯基的交響曲《悲愴》(*Pathétique*)是容易的，因為曾經費盡心血不斷練習，直至整個人都投入演奏這樂曲——但在達到那地步之前，這是極困難的。同樣，簡淳生活有掙扎與費勁的時候，有我們覺得難以維持應有生活方式的時候，有疑惑生命是否表裏一致的時候。不過我們也會在這種掙扎中突然開悟，將榮耀歸給天父，因為深感自己不過是領受恩賜而已。

第三個必須致力保持平衡的張力：一端是簡淳的內在向度，另一端是簡淳的外在向度。簡淳是內在現實，但亦能見諸外在生活方式，二者必須兼收，任何偏廢的結果都是災難。

設若簡淳不過關乎外在，事情會變得頗容易：我們只需規劃一個界線清晰的體制(雖然這也不算小事)，譬如說，就基督徒信德，將生活水平限定在某個入息限額之內，又或只可購置某類房子。換言之，有清晰可界定的指引，雖然必須不時按通脹作出調整。事情就清晰了，誰合格/誰不合格，誰有信心/誰沒有信心……嘿！統統一清二楚(新法利賽主義)，太好了！

偶爾我也真心希望道理可以這樣簡明！我無意輕蔑制訂上述體制的羣體——老實說，我有時甚至羨慕他們！因為斬釘截鐵的做法，很能夠帶動行為上的改變。不過人盡皆知的是，這些做法最終的結果，不離轄制與死亡。字句是叫人死，惟有聖靈能叫人活（譯註：參林後三 6）。福音式簡淳，予人自由與釋放。

簡淳的外顯，必須本於簡淳的內源。要建立純全、合一、恩典的生命，必須學會倚靠聖靈行事。行事須發乎內心，不然一切失卻意義。但簡淳若對我們的生活方式沒有深刻的影響，而我們仍以為有簡淳的內質，就是欺哄自己了。內在與外在的張力，必須維持。

或許你已發現了這關乎律法主義與放縱的陷阱。律法主義不可取，因它引向屬靈自殺——當然放縱的結局也是一樣。但在這兩條路之外，還有第三條路：倚靠聖靈行事。關於這議題，使徒保羅在加拉太書做了經典的闡述，一方面駁斥律法主義的隱患，同時論及在基督裏榮耀的自由，又補充警誡人不可將自由當作放縱情慾的機會。保羅的結論：「我們若是靠聖靈得生，就當靠聖靈行事。」（加五 25）我們若有簡淳的內質，就會有生活方式的外顯。

簡淳的第四個弔詭：既知物質美好，又知物質限制。物質世界是好的，但這「好」有其限制——人單靠物質世界，不能構成美好人生。否定受造萬有的美好，是禁慾主義；否定受造萬有的限制，是物質主義。

基督信仰視物質為上帝賜人享用的受造物，物質決非不重要或邪惡。物質世界是好的，令人活得快樂。事實上，物質充足是美好生活的要素，而在今日世界，物質上的匱乏，往往是痛苦的根源。

但若將物資充裕與美好生活劃上等號，痛苦同樣難免。物質充裕是美好生活的要素，卻非惟一元素，也非最重要的元素。聖經關乎上帝供應的教導，很多時被扭曲為貪求貲財的歪理。哄騙人「愛耶穌得富足」(love Jesus and get rich)的口號，無論如何巧舌如簧或誇飾造作，無非反映人未能發現聖經所提到的物質的限制。各貪婪的目標披著「上帝應許」的外衣，就在我們的神學之中。而令人啼笑皆非的是，這些關乎「蒙福」的伎倆，真的可以帶來實效——若你所求僅是錢財的話。但若渴慕的是上帝所賜予的豐盛，那它就幫不上忙了。

讓我重申：基督教簡淳所求的，不是簡化了的答案。我們必須維持這樣的張力：物質是好的，但這好是有限的。

容我多舉一個弔詭張力的例子，應該足以顯明我們這趟關乎簡淳的探索之旅是如何精密、多采、豐富，就正如人性本身。我指的是一種魅力——既可心誠志專，又可顧及生命議題的艱深與複雜。這實在是稀奇的組合，難以言喻，卻頗容易辨認。它可生出焦點而不帶教條主義，忠誠而不會盲從附和，深度而沒有過度自覺。換言之，意思是意識到許多議題存在，卻只專注於一個議題：神聖順服。

耶穌有句話正說到上述議題的重心。祂說眼睛若是專一(譯註：「專一」在《和合本》譯為「瞭亮」)，全身就光明(太六22)。潘霍華(Dietrich Bonhoeffer)在他命喪納粹魔爪之前說過：「所謂專一，就是當一切概念變得混亂、扭曲、顛倒，單單定睛在上帝的簡明真理之上。」[4] 專一使人決斷，能夠排除萬難。

然而我們不要將源於專一的決斷與推動人作決定的口號式決

斷混為一談。宣傳口號具備單一目標，而且可以眩人耳目，但二者進路截然不同。後者樂於高談政治、宗教、哲學，但對箇中細節毫無意識或關注。雖然後者**可能**偶爾與專一者的結論一致，甚至字眼一致，信念一致，但後者的結論來得太快太易了。這是空洞的，因為沒有經驗過誠心實意的掙扎與交戰。

你曾否有這樣的體會？你聽某人說話，那人所說的縱然是對的，你的心卻抗拒，因為覺得那人缺乏誠意。然後另一人說話，也許道理相同，甚至字眼相同，你卻甚有共鳴，因為察覺到那人話中的真誠。二者分別何在？前者口吐簡化的答案，後者則體現簡淳的精義。

局部與全部

過度簡化是任何學科研究的大忌，但對基督教簡淳的研習來說，這尤其是心腹大患，因為它太容易被視為好事了。我們曾經談論幾個隱患，但尚未觸及最大的陷阱：就是以為簡淳可在其餘的靈命操練以外獨立操作。簡淳是最外顯的靈命操練，亦因此最容易被歪曲；而最常被歪曲的方式，就是將它排除在其他操練之外。我曾經掙扎好一段日子，拒絕以簡淳為題寫書，就是不想落入這陷阱中。當然我以前寫過簡淳的課題，但那是在靈命操練的大背景中探討：[5] 簡淳是基督徒靈命操練的一環——雖是重要一環，卻屬一個更宏大更完備的整體。

簡淳須放在整體中檢視。譬如說，簡淳與禱告有本質上的關係，尤其禱告的核心是信靠。我的兒子很愛吃薄餅，他們還小的時候，我偶爾會煎一大堆薄餅讓他們吃個痛快。他們的食相我百看不厭，他們真的可以吃個不停，好像薄餅會不斷供應！他們不會關心雞蛋的價格，又或我是否有能力繼續供應！他們不會收起部分薄餅，不會胡思亂想：「爸爸會不會出岔子？我還是收起一些好了，不然明天不知道還有吃的沒有啊。」對他們來說，薄餅供應是無限量的。他們知道只要開口問我，如果我覺得對他們好，他們就會獲得供應。他們活在信靠中。人若欠缺這種信靠，要祈求日用的飲食是難若登天的（甚至可以說是不可能？）。沒有信靠，就要自己儲糧，以備不時之需——因為自己手頭上有的**永不**足夠。

保羅勸誡基督徒要拋開掛慮，當然這是知易行難的。我們自小所學一切、並加人情世故所講的，都與「一無掛慮」的精神大相徑庭。人怎能夠免於掛慮？我們可以靠甚麼免於掛慮？保羅認為是靠著禱告：「應當一無掛慮，只要凡事藉著禱告、祈求，和感謝，將你們所要的告訴上帝。」（腓四 6）禱告讓人免於掛慮，因為禱告教人學習信靠，而信靠的果子是平安：「上帝所賜、出人意外的平安必在基督耶穌裏保守你們的心懷意念。」（腓四 7）禱告與簡淳唇齒相依。

簡淳與獨處也關係密切。獨處的精義在乎內心統合，使人免於惶恐，要從外界獲得讚賞與認同。藉此，我們可以單獨自處，因為不再懼怕不為人識；卻又可以真正與他人共處，因為旁人不再轄制我們。

簡淳的基石是獨處，這道理不難明白。現代社會人人戴著假面具，皆因擺脱不了旁人的評價。我們的行為動機，太常發自旁人的所說所想，而非源自內在的「神聖核心」。遺憾的是，我們不得不承認，我們就是經常為到自己做甚麼或不做甚麼而辯護。甚至當轉向簡淳的生活方式時，也面對相同的難題——此前渴求富泰的外表，如今變成渴求慳儉的外表！假設擁有的東西平實又不花俏，旁人見到了就會覺得我活在簡淳中了。叫人難受的是，我們自知自己太介意旁人的肯定了！我們誠意想做正確之事，卻太在意自己的一舉一動了——這正好反映我們離真正的簡淳甚遠。我們的掙扎被芬乃倫（François Fénelon）一語道破：「此等人具誠意，惟心不單純。」[6] 要明白簡淳真義，內心必須深深經歷獨處之恩。

這道理亦適用於一切靈命操練。若將簡淳抽離於其餘操練，就會令它失卻本相；若在靈命操練的背景中操練簡淳，就能獲得平衡與向度。

為了學習而專研某項靈命操練，本身不是錯事，但須注意箇中制限，並經常回歸整體背景。也許科技研究可以專注局部而忽略全部，*但就靈命之旅而言，這是災難性的。與上帝一起的生命是藏在基督裏的，是一個整體，不容分割，這是簡淳之本質，

* 這雖然有點離題，但我仍想指出：有的弔詭包含不止兩股張力。以三位一體的教義為例，就有三方面各自不同的教導，卻必須同時持守，才可符合聖經啟示。事實上，正正在這種完滿的張力中，我們方看到神格那奧妙的合一（unity in the Godhead）。這是簡淳不簡素的最佳例子。就算在科技研究而言，我對「專化」（specializing）仍有保留。

亦是其不簡素之緣由。

面對一個看似簡明易懂，不料竟是這樣複雜難解的題目，我們可能會灰心喪志。其實簡淳的本質頗像謙卑：你以為得著之時，正是你失去之時！簡淳之路似乎滿是懸崖峭壁。在這重重迷宮之中，有可能抵達終點嗎？

若上述或多或少說中了你的感受、恐懼、焦躁，我想給你一點安慰。要領受簡淳之恩的第一步，正是要覺得這任務艱鉅！快刀斬亂麻的人，不會發現簡淳，只會落得傲慢。

再者，你要知道一個事實：簡淳是不好分析的，但實行起來卻不是那麼難。你若誠心渴慕基督並祂的道，祂一定會指導你。祂不會讓你迷路太久。祂會溫柔地領你回到那通往窄門的仄徑上。你不用擔憂自己未能清楚講解這德行的精義。論到簡淳，肯培多馬（Thomas à Kempis）談論「良知」的話亦可適用：「操練某事，勝於講解那事。」[7]

今日我們亟需簡淳的模範。我們任重而道遠。這世紀渴求簡淳的真心、禱告的精神、順服的生命。惟願我們能夠體現這種真實的生活方式。

2

聖經根據：舊約

The Biblical Roots: The Old Covenant

對我來說，但凡不是來自上帝的豐裕，都是貧乏。

聖奧古斯丁（St. Augustine）

簡淳有深遠的舊約根據。人從舊約啟示得知上帝是怎樣的上帝、上帝子民該怎樣生活——這二者不可分割。我們愈明白上帝的本性，愈知道自己該怎樣生活。

今日最迫切的疑問不是「有沒有上帝？」而是「上帝是怎樣的上帝？」今人認真倡議無神論的其實甚少，因為無神論在學理上有明顯的秕謬；然而，如今卻有很多人潛心探究上帝的性情：祂是殘忍還是良善？祂值得信賴嗎？簡淳的心花只能盛放於信任的沃土，而舊約聖經所揭示之上帝信實良善，正讓我們可找到相應的信任。

人也致力尋索生活的正道。很少人會幼稚得以為不斷積聚，就是人生喜樂或目的所在；不過他們也不會覺得教條式苦修主義（視財產為萬惡，必須予以揚棄）是合情合理的出路。人不想成為物質主義者，終生不住攫取，不住囤積；卻也不想效法施洗約翰，穿獸皮吃野蜜。我們誠然需要支付牙醫費用及鋼琴學費，但應該將物質放在甚麼位置才合宜呢？怎樣決定是否買新的微波爐或洗碗碟機呢？舊約聖經這古老文獻，記載上帝給祂子民以色列的啟示，為我們提供重要線索去解答上述疑問。

從加低斯．巴尼亞到倫敦或芝加哥，無論在空間或時間而言，都是很遠的距離。這種文化差距，難免令人懷疑昔日向牧人及漁夫發出的生活指導（就算是來自上帝的啟示）究竟對現代城市人有多大幫助——關乎拾穗的律例，與消費者物價指數有何相干？禧年的法規，與國際貿易逆差可以有甚麼關聯？

這些疑難十分實在，但是明智的人都知道，雖然一些特定法例只有特定的應用範圍，但箇中原則是不受時間限制的。的確，舊約啟示蘊含一些無與倫比的人生教訓，是放諸四海皆準的。當然，這不表示我們已解答了所有聖經詮釋與應用的難題，但這些發現確然可以令我們謙卑一些。

全然倚靠

創世故事是我們理解簡淳的起點。上帝是主角，祂發聲，整個宇宙由此生出。上帝創造的巔峯是造人，祂造男造女。

創世故事扣人心弦，其核心信息就是受造萬物全然倚靠上帝——這對理解簡淳而言，亦尤其關鍵：人並非獨立存在，亦無延續自我的能力。人的存有、人的所有，都從上帝而來。

我們必須高舉聖經的創造教義，毋忘人的受造本質。人並非自己靈魂的舵手，亦非自己命運的主人。人是受造萬有的一部分，因此全然倚靠造物者。人的定位不應是巧取豪奪，而應該是單純的信靠。人現在、將來的所有，都來自上帝的恩手。

甚至人的自我價值，都取決於上帝。人的獨特與尊嚴，源於人是按上帝形象而造。人的價值不取決於財富、身價、成就、地位，卻是一種恩賜——顯然這重大真理今日已蕩然無存，因為世人傾向以績效或財產去界定人的價值。

始祖犯罪的可怕本質，就是拒絕承認人倚靠上帝存在。亞當夏娃做了上帝明令禁止的事，他們的行為等於宣告：「我們會自給自足。」他們聽信蛇的謊言：上帝將好東西收起來，不讓他們得到——換言之，他們對上帝的良善投下不信任票。他們吃了禁果，馬上發現自己赤身露體——這不在於欠缺衣服，而在於他們不再倚靠上帝後，赫然發現自己弱不禁風。獨立的代價總是高昂，尤其涉及摒棄上帝的厚恩供應。

簡淳就是回歸「倚靠上帝」的定位。我們效法孩童，以信靠的心度日。我們將所擁有的都視作從上帝來的禮物。

全然順服

從舊約學得關乎簡淳的第一個洞見是全然倚靠，第二個洞見是全然順服。也許再清楚不過的例子，就是上帝吩咐亞伯拉罕獻上生命中的至寶——他的兒子以撒。上帝怎樣吩咐，亞伯拉罕就怎樣順服。沒有應變方案。沒有轉圜餘地。沒有「如果」、「並且」或「但是」。經過漫長而痛苦的歷程，亞伯拉罕的人生歸向一個主題——順服耶和華的聲音。這種「神聖順服」是簡淳生活的指導方針。

惟有對上帝矢志盡忠，才可對上帝全然順服。十誡的首三條鏗鏘有力，告誡我們不可拜偶像，拜偶像的意思，就是效忠上帝以外的事物。「斷乎不可！」這是十誡的呼聲——惟有獨一而真的上帝配得我們全人委身。

就在今日，我們要再聽取一個真理：只有上帝配得我們敬拜順服。拜金主義橫行無忌，貪慾主宰我們許多的生活抉擇。第四誡關乎守安息日的指令，與人不願停工的心魔正面交鋒。我們覺得很難休息，因為工作才可令我們超越旁人。今日最大的需要，就是獲得自由，卸下要不斷超越旁人的重擔。

第十誡禁止我們貪婪。貪婪的本質是渴求**擁有**。當然，擁有不是罪，使人犯罪的是無盡無窮的慾望、內裏抑制不了的衝動、不受制約的貪求。貪婪就是對物的膜拜。然而，癥結在於，人人都覺得自己對物質的渴求是合理且合宜的。無人會承認自己的貪慾不受控制。問題是，我們就像酒徒，墮入酒癮而不自知，惟有別人將我們的貪慾指出來，我們才會察覺財富在心中的位置高於上帝。我們也要學會警戒貪婪的魔力，因為一旦有事物高於上帝，我們就不可能對祂全然順服。

上帝的慷慨

舊約可以清楚見證上帝的慷慨心懷。上帝厚賜祂的兒女。創世的故事不斷宣稱萬物是好的，而上帝給始祖的供應是多而又多的。

上帝呼召亞伯蘭離開迦勒底的吾珥，成為一個新國之父。上帝應許要使亞伯蘭的名為大，並賜他許多財富（創十二 1～7）。這應許確然實現，聖經記載「亞伯蘭的金、銀、牲畜極多」（創十三 2）。

以撒是上帝應許給亞伯拉罕的兒子，同樣蒙受豐厚供應：「耶和華賜福給他〔以撒〕，他就昌大，日增月盛，成了大富戶。他有羊羣牛羣，又有許多僕人，非利士人就嫉妒他。」（創二十六 12～14）至於以撒的兒子雅各，雖以詭計騙取父親的祝福，卻也實在獲得福分——雅各歸家途中向以掃送禮，其大惟有極富者可以應付：一共四百九十隻牲畜，包括三十隻各帶著崽子的駱駝（創三十二 13～21）。約瑟和約伯都經受過火一般的順服試煉，亦得到了極大的終極獎賞。所羅門只選智慧不選財富，卻兩樣也豐豐足足地領受了。

整卷申命記滿載應許的福氣，將這些福氣予以靈意化，顯然不是經文的原意——上帝所說的福氣，是實實在在的土地與牲畜：「他必愛你，賜福與你，使你人數增多，也必在他向你列祖起誓應許給你的地上賜福與你身所生的，地所產的，並你的五穀、新酒，和油，以及牛犢、羊羔。」（申七 13）申命記不斷重申這樣的律例典章，十六章 15 節是典型例證，呼應上述賜福：「耶和華——你上帝在你一切的土產上和你手裏所辦的事上要賜福與你，你就非常地歡樂。」歡樂，因為從上帝領受了豐富供應。

阿摩司書狠狠鞭撻為富不仁的囤積財富行為，卻預告將來的某日：

耕種的必接續收割的；
踹葡萄的必接續撒種的；
大山要滴下甜酒；
小山都必流奶。
我必使我民以色列被擄的歸回……
這是耶和華——你的上帝說的。（摩九 13～15）

瑪拉基書斬釘截鐵指出，只要百姓甘心順服，樂意奉獻，上帝會打開天上的窗戶，把物質的福氣傾倒與他們，甚至無處可容（瑪三 10）。

必須注意的是，關乎物質的賜福，是有條件的應許，而不是任人填寫銀碼的空白支票。這應許附帶了條件：「你們若甘心聽從，必吃地上的美物。」（賽一 19）換言之，這應許強調一顆簡淳的心——神聖順服——那是上帝應許供應的背後條件。而這順服的一個要素，是對窮乏人的慈惠施恩。

以順服為主調，伴隨賜福為和音，這有甚麼奇怪呢？想想看，若然上帝對順服祂的兒女有所保留，不讓他們獲得地上的美物，這是何等怪異的神呢？這樣的事確然發生過，詩篇也有這樣的申訴，詩人覺得困惑，因為惡人興盛，他這個義人卻在受苦（詩七十三篇）。上帝有時的確會為了我們更大的益處，而不把物質福氣賜給我們，但這是例外；恩惠供應是上帝的通則，這也是為了我們的益處，祂願意賜美物給我們。

順服與賜福的關係是重要的，其重要不在乎做得對就賞賜——這有其價值，但十分次要，甚至幾乎不重要。**順服的深層意義，在乎可造就怎樣的內在態度**。這態度才可釘死貪慾與妄求。這態度生出憐憫與慈惠。這態度生出敏銳與信任。這態度若能在心中生根，物質祝福就不能毒害我們，因為物質**會**用在正確的事情上。我們會明白一事：人得物質祝福，決非僅為一己的益處，乃為眾人的益處。

由此我們明白舊約對物質祝福的重要教訓——幾乎毫無例外的是，上帝應許的供應，總是為了羣體的益處，而非個人的益處。受惠的總是某國、某族、某家。收取部分利益私下享受，是不可能的。

慷慨生慷慨

上帝的無盡慷慨釋放了我們，使我們可以效法祂的榜樣，去善待身邊的人。我們能夠施予，因為上帝施予我們。

禮讚上帝的慷慨，從而學會對他人慷慨——最清楚的體現是禧年(利二十五章)。禧年呼召人從財利得釋放，並重新建構公平社會。

每隔五十年，在那年的贖罪日，遍地要發出角聲，「給一切的居民宣告自由」(利二十五 10)。所有奴隸要得自由。所有欠債要勾銷。所有土地要歸還原主。

隱含在禧年理念的背後，是喜樂加信任的無憂心懷。一切所需皆可信靠上帝供應。上帝曾經應許：「我必……將我所命的福賜給你們。」(利二十五 21) 心中有這信任，才有力量遵行禧年的指令。

禧年蘊含重大的社會原則。人若切實遵行禧年的吩咐(事實並未如此)，就能徹底解決「富者愈富，貧者愈貧」這個自古以來的老大難題。説穿了，這是為窮人設立的「法制正義」——為解決一個社會/靈性問題的法律制度。赤貧的惡性循環得以打破，因為破產而被迫賣身的人，起碼知道自己下一代不會永無翻身之日。他們有重新開始的機會。富人不會永遠掌控窮人。富人的優勢不會永續。

這消除社會不公的獨特之道，值得今日世界深思。今日世界貧富差距日見懸殊，而且有變本加厲之勢。當然，若人以為可以將一條古老的鄉土法律，硬生生套用在今日複雜的國際環境，無疑是簡化了問題——不過禧年的原則對今日世界決非風馬牛不相及，恰恰相反，它可提供重要啟示，幫助我們重尋一個更明智更公正的世界。

禧年另一個很有意思的原則，關乎對土地的觀點，這觀點是舊約思想的特色：土地之價值非自然而然的，而端乎它於禧年來到前還有多少次收成(利二十五 16)。土地不應用作投資——這與今日普遍的想法截然不同。重點是：以色列人不擁有土地，他們只是獲賜土地的使用權，上帝才是土地的主宰：「地不可永賣，因為地是我的。」(利二十五 23) 人不過是監管土地，就像公司的司庫或大宅的管家。上帝將土地分給萬民，讓人人得到土地的收成。

公平分配而非囤積居奇、管理而非擁有——這些原則無論今昔都極具革命性。土地之作用乃為滿足人的需要，而非為滿足人的私慾——這想法若為今人採納，世界會有多大不同？這想法對房地產投資有何衝擊？也許這想法不會獲得世界普遍認同，但若基督徒真心相信土地關乎全民福祉，他們的信仰實踐能否釋出資源，在消滅全球饑饉的事業上獻一分力？

沒有史料能證實上帝聖約之民真的奉行過禧年律例，但這不過印證了他們確然是硬頸且悖逆的一族，而不應該因此質疑這律例的正確性與可行性——以至是否真的值得遵行。無論如何，禧年的設計顯示了上帝對公正與公平的深切關注。

關乎初熟之物的律例，也表明人的慷慨誠然源於上帝的慷慨。這律例規定初熟土產必須獻給上帝——這其實是一個信任上帝慷慨的行動。百姓獻上初熟土產，相信土產陸續有來。易言之，這是對上帝的認信行動，承認上帝是一切美物的施予者。

跟獻初熟之物的律例相似，十一奉獻的定例也同樣在禮讚上帝厚恩的背景中施行。在耶穌的年代，這原本滿有喜樂的律例已遭扭曲且濫用，與我們今天的情況一樣。可悲的是，原為表達釋放與自由的十一奉獻，太多時候淪為轄制人的規條。

在聖經中最先出現的十一奉獻，與亞伯拉罕相關：亞伯拉罕從一場勝仗歸來，途中遇見麥基洗德，甘心樂意地向麥基洗德獻上戰利品十分之一，並將原屬所多瑪王的一切財物歸還。雖然所多瑪王拒絕領受，亞伯拉罕卻堅持：「免得你說：『我使亞伯蘭富足！』」（創十四 17～24）亞伯拉罕甘心奉獻厚禮，是為禮讚上帝戰勝仇敵的大能。亞伯拉罕沒有斤斤計較，只想儘多獻上。這背後是喜樂的心，以及自由奉獻的靈。

摩西律法保存了這喜樂歡慶的況味。在奉獻初熟土產之外，每個以色列人都要獻上收入的十分之一，以禮讚上帝的恩惠供應。這些獻金用來照顧利未人、寄居者、窮乏人的生活所需，也用作支付禮讚上帝慷慨的節慶開支：

> 你要把你撒種所產的……十分取一分；又要把你的五穀、新酒、和油的十分之一，並牛羣羊羣中頭生的，吃在耶和華——你上帝面前……這樣，你可以學習時常敬畏耶和華——你的上帝。……你用這銀子，隨心所欲，或買牛羊，或買清酒濃酒，凡你心所想的都可以買；你和你的家屬在耶和華——你上帝的面前吃喝快樂。住在你城裏的利未人，你不可丟棄他，因為他在你們中間無分無業。（申十四 22～27）

套用今日概念，這等於預付了一切開支的宗教假期——十一奉獻所得，用作支付歡慶上帝宴會的所有項目！十一奉獻精義所在，關乎一副滿載慷慨、敬拜、歡慶的心腸。

除此以外，十一奉獻顯明了上帝對孤苦窮困者的特別關注——這尤其是簡淳的重要元素。每逢第三年，十一獻金要專用於不能照顧自己的人：「每逢三年的末一年，你要將本年的土產十分之一都取出來……利未人……寄居的，並孤兒寡婦，都可以來，吃得飽足。」(申十四28～29)在農業社會，土地是主要謀生工具，因此利未人和寄居者難以維生；而在父系社會，孤兒寡婦同樣難以維持生計。在昔日猶太社會結構而言，上述四類人是最不能照顧自己的社羣。上帝憐憫他們，將照顧他們生計的方式寫進十一奉獻律例中。

觀乎現代社會結構，我們理應反思：今日有甚麼社羣是昔日的「利未人、寄居者、孤兒、寡婦」？觀乎我們的社會本質，有甚麼社羣是沒有能力照顧自己的？若有這樣的社羣，我們難道沒有責任要供應他們的所需嗎？

值得注意的是，新約聖經沒有繼承十一奉獻或初熟土產奉獻的做法。論到對財產的應有態度，耶穌談論得很多，卻只有兩次提到十一奉獻，而且兩次都帶負面含意(路十八21；太二十三22)。使徒保羅也多次論及施予，卻全無提到十一奉獻。無論耶穌或保羅，都不以十一奉獻為基督徒管家責任的骨幹——本書第三章會詳論其原因。

也許亞伯拉罕是我們理解慷慨原則的圭臬。他蒙上帝賜予極大財富，卻沒有守財如命，而是與族人慷慨分享。亞伯拉罕在財富面前顯出非凡的超脱態度。相反，羅得因著貪婪，與亞伯拉罕發生衝突，亞伯拉罕淡然將更富饒的地段讓給羅得(創十三5～12)。亞伯拉罕白白得來的，就白白的捨去。

呼求公正

對公正(justice)的呼求，是舊約不斷回響的主題，就此，希

伯來字 *mishpat* 尤其具啟發性（編註：此字一般多英譯為 justice）。這個字十分常用，含義豐富，既是法律用字，也有倫理及宗教意味。它所指涉的道德標準，高於律法要求的公正，包括了遵行良風善俗，尤其關乎公平分配土地的律例。這個字常與用作描述公義（righteousness）的希伯來字並用，因此聖經學者亨特里希（Volkmar Herntrich）認為兩個概念可看為同義。[1] 最明顯的例子見於阿摩司的一句豪情壯語：「惟願公平如大水滾滾，使公義如江河滔滔。」（摩五 24）

申命記提到耶和華「為孤兒寡婦伸冤，又憐愛寄居的，賜給他衣食」（申十 18）。亦有詩人宣稱：「耶和華施行公義，為一切受屈的人伸冤。」（詩一〇三 6）

這公正涉及智慧，為世間帶來公平、和諧的人際關係。所羅門求上帝賜他治理百姓的智慧，上帝的回應是：「你既然……單求智慧可以聽訟〔*mishpat*〕……」（王上三 11）

掌權者要具備這慈憐的道德感。彌迦指斥以色列的掌權者屈枉正義，侵吞百姓財產。他們「吃我民的肉」，將百姓「分成塊子像要下鍋，又像釜中的肉」（彌三 1～3）。耶利米傷心欲絕，因為公正消失於耶路撒冷，人在大街小巷遍尋不獲（耶五 1）。

上主不住警告百姓不可輕忽公正：「向寄居的和孤兒寡婦屈枉正直的，必受咒詛！」（申二十七 19）* 行公義的人「為受屈的伸冤，賜食物與飢餓的」，上主稱許他們為有福的（詩一四六 7）。

---

* 亦參出二十三 6；申二十四 17；伯三十六 6；賽十 2；耶五 28。

眾先知不遺餘力譴責百姓不行公義，當中的顯例是阿摩司。阿摩司書遍載對百姓的指控：「他們為銀子賣了義人，為一雙鞋賣了窮人。」（摩二 6）他又指責以色列婦女為追求無止境的慾望而「欺負貧寒的，壓碎窮乏的」（摩四 1）。百姓滿心貪婪，巴不得安息日早點結束，好讓他們可以「賣出用小升斗，收銀用大戥子，用詭詐的天平欺哄人」（摩八 4～6）。賄賂成了常態，說真話的公正判官被人藐視（摩五 10、12）。難怪阿摩司有這樣的呼喊：「惟願公平如大水滾滾，使公義如江河滔滔。」

阿摩司斥責北國以色列，以賽亞在南國猶大悲喊：「〔官長〕各都喜愛賄賂，追求贓私。」（賽一 23）以賽亞書描述一幅法庭圖畫，上帝是檢察官，數落官長的不義惡行：「你們為何壓制我的百姓，搓磨貧窮人的臉呢？」（賽三 13～15）

猶大對百姓的不義壓迫，已滲透國法與規章。上帝設立以憐憫公義為本的體制，猶大官長卻設立苛刻不義的體制：「禍哉！那些設立不義之律例的和記錄奸詐之判語的……」（賽十 1～2）以賽亞書說上帝厭惡猶大的宗教禮儀，因為當中忘卻社會公義。上帝所悅納的，不是一連串的宗教責任，而是順服上帝的生命。上帝所要求的禁食，是百姓「鬆開凶惡的繩」、「使被欺壓的得自由」；上帝的吩咐是「把你的餅分給飢餓的人，將飄流的窮人接到你家中」（賽五十八 5～7）。

在眾先知中，再直率不過的心底呼喊來自耶利米，他被稱為「流淚先知」是實至名歸的。他深愛耶路撒冷，為耶路撒冷民眾的罪哀傷不已，又迫切呼籲民眾悔改。他預言耶路撒冷被滅，然後親眼看著預言實現，悲痛欲絕。他是忠信的主僕，是絕望時代的悲劇人物。

正如在耶利米之前的眾先知，耶利米也呼召百姓歸回上帝與他們所立的舊約：「你們要施行公平和公義，拯救被搶奪的脱離欺壓人的手。」（耶二十二 3）耶利米不斷呼籲聽者「為孤兒伸冤」（耶五 28），「為困苦和窮乏人伸冤」（耶二十二 16），不過他也悲歎：「你的眼和你的心專顧貪婪，流無辜人的血，行欺壓和強暴。」（耶二十二 17）

可悲的是，假如百姓悔改，歸向上帝，其實流亡本可避免：「你們若實在改正行動作為，在人和鄰舍中間誠然施行公平……我就使你們在這地方仍然居住，就是我古時所賜給你們列祖的地，直到永遠。」（耶七 5～7）然而被擄之事終究發生了，禍延多個世紀。以色列的不義，與拜偶像關係密切，令上帝不得不驅逐他們離開應許之地。

呼求憐憫

憐憫是遍佈舊約的主題，可見於一個深具神學含義的希伯來字：*hesed*。這個字極難翻譯，英譯者最常譯作 loving-kindness（慈愛）或 mercy（憐憫）。但這個字亦有「忍耐」或「信實」之意。它最常用於指涉上帝對百姓不變的憐憫。祂的 *hesed* 從亙古到永遠（詩一○三 17）。祂的 *hesed* 永遠長存（詩一○六 1）。摩西曾經求見上帝的榮耀，其後上帝向摩西所顯出的正是這無邊的憐憫：「耶和華在他〔摩西〕面前宣告説：『耶和華，耶和華，是有憐憫有恩典的上帝，不輕易發怒，並有豐盛的慈愛〔*hesed*〕和誠實，為千萬人存留慈愛〔*hesed*〕，赦免罪孽、過犯，和罪惡……」（出三十四 6～7）

然而（這是我們最大的挑戰），這盟約之愛、這永存之憐憫，雖然是上帝的核心性情，卻必須映照在人的生命中。上帝透過先知何西阿宣告：「我喜愛良善〔*hesed*〕，不喜愛祭祀；喜愛認識上帝，勝於燔祭。」（何六 6）箴言也說：「追求公義仁慈〔*hesed*〕的，就尋得生命、公義，和尊榮。」（箴二十一 21）

但最有意思的是，在聖經作者心中，*mishpat* 的正義與 *hesed* 的憐憫是密切相連的概念。讓百姓得其所該得是一回事，行動背後的動機是另一回事。撒迦利亞從上主領受了一個重大信息：「萬軍之耶和華……如此說：『要按至理〔*mishpat*〕判斷，各人以慈愛〔*hesed*〕憐憫弟兄。不可欺壓寡婦、孤兒、寄居的，和貧窮人。誰都不可心裏謀害弟兄。』」（亞七 9～10）何西阿呼籲百姓悔改，溫柔地說：「所以你當歸向你的上帝，謹守仁愛〔*hesed*〕、公平〔*mishpat*〕，常常等候你的上帝。」（何十二 6）論到我們的職責，聖經中最具洞見而濃縮的信息，見於一節金句，它涵蓋了外在的正義，以及內在的憐憫：

> 世人哪，耶和華已指示你何為善。
> 他向你所要的是甚麼呢？
> 只要你行公義〔*mishpat*〕，好憐憫〔*hesed*〕，
> 存謙卑的心，與你的上帝同行。（彌六 8）

憐憫與公義，加起來，就是簡淳生活的呼召。

滲透舊約的兩大律法，我會稱之為「憐憫」與「關顧」，也許最明顯的例子，是收割的律例（利十九 9～10，二十三 22；申二十四 19～20）。農夫在收割時要謹記上主吩咐：「在你們的地收割莊稼，不可割盡田角，也不可拾取所遺落的；要留給窮人和寄居的。我是耶和華——你們的上帝。」（利二十三 22）同樣，葡萄園及橄欖園也不可盡摘果實，要留下一些給窮人。路得記以生動的描述，記下這律例對人周全的照顧：拿俄米和媳婦路得回到以色列家，既無夫君亦無土地，儼然孤苦無助，卻可在親戚波阿斯的田裏拾穗（得二 1 及以下）。

上帝深深憐憫淒楚無依的人。收割的律例，可看為上帝在以色列經濟體系中引入照顧弱勢社羣的機制，不論背景而提供援助。上帝似乎毫不在意某人陷入窮困的緣由，只要那人有需要，就可獲得基本的供應。

試看抵押的律例，其中也對窮人顧慮周全。若鄰人問你借牛車，以他的衣服為當頭，就算他在天黑前未能將牛車還給你，你仍須將衣服還給他。為甚麼？因為你的鄰人需要衣服保暖，才可度過寒夜。你若不肯將衣服還他，他在寒夜裏向上帝求救，上帝的警告是：「我就應允，因為我是有恩惠的。」（出二十二 26～27）申命記明說，若當頭的主人是窮人，你尤其要恪守這律例，因為窮人很可能沒有別的衣服可以保暖（申二十四 12）。不可拿寡婦的衣裳作當頭，她已經夠可憐了（申二十四 17）。不可拿人的磨石作當頭，因為這是他生計的工具（申二十四 6）。不可走進鄰人家中取當頭，你必須站在門外等他將當頭拿給你（申二十四 10～11）。人際之間必須講求恩惠與禮數，就算是生意往來也不例外。

再看借貸的律例。舉債的大多是窮困無助者，因此不可取利。取利被視為對弟兄趁火打劫，而且會令弟兄泥足深陷（申二十三 19）。

給窮人的工錢，必須在工作日結束時發放，因為那是窮人賴以為生的（申二十四 14～15）。你若餓了，可以在鄰人的葡萄園或田地裏取吃，但不可以將葡萄或禾稼取走（申二十三 24）。諸如此類的律例，是大有慈悲的誡命。這些人際關係的指引，既明智又具同理心。

憐憫與關懷，甚至惠及動物與土地。我們常常忘記安息日原則也有顧及牲畜的需要：「六日你要做工，第七日要安息，使牛、驢可以歇息……」（出二十三 12）土地也要休息：「這年〔安息年〕，地要守聖安息。」（利二十五 5）每逢第七年，不可耕種，也不可收割，因為「地就要向耶和華守安息」（利二十五 2）。甚至葡萄園也不可在行列之間栽種別的果子，免得土壤過度使用（申二十二 9）。牛在場上踹穀的時候，不可籠住牠的嘴，好讓牠可以邊勞動邊進食。（申二十五 4）可以取走雛鳥，但要留下母鳥照料其他小鳥（申二十二 6～7）。

這些律例的總意，是人可以治理大地及其上的活物，但這治理須具慈心。我們不可剝削大地，而要好好照料大地——有良善、有仁愛、有溫柔。

這些古老的律法、規章、道德判斷，用意是消弭人的專橫。正如嗎哪不知如何從天而降，總夠滿足百姓需要，卻一定不可囤積。但凡美物皆有限制，人若逾越底線，美物就淪為惡物。人的任務，是將物質放在上帝命定的用途上，而上述舊約律例都是線索，讓人明白上帝命定的用途是甚麼。

呼求整全

整全與平安，就像舊約的亮光，映出基督教簡淳的方向。關乎這主題有個希伯來字：*shalom*，意思包含整全、統一、均衡。[2]若將平安的概念也涵蓋在內，就可得出一個以上帝為軸心的和諧友愛羣體——上帝是最大的維繫者、最榮耀的居民。關乎 *shalom* 的主題，是聖經的序與跋。在創世故事中，上帝在混亂中帶來秩序與和諧；在約翰的天啟著述中，有新天新地彰顯出來的榮耀整全。那將要降世的彌賽亞聖嬰，稱為和平之君(賽九 6)，祂那永不斷絕的國度，特徵是公正、公義、和平(賽九 7)。關乎 *shalom* 的精義有個美妙的異象：萬國萬民湧到上帝聖殿所在的山上，要學上帝的道、行上帝的路，又要將刀打成犁頭、將槍打成鐮刀(賽二 2～5；彌四 1～4)。*Shalom* 甚至概括自然界的和諧關係：牛與熊為友，獅子和羔羊同臥，並有孩童牽引牠們(賽十一 1～9)。人與上帝和諧共處——地上滿載信實與忠誠。人與鄰居和諧共處——地上充滿公正與憐憫。人與大自然和諧共處——地上盡是和平與合一。

在經濟與社會層面而言，*shalom* 的異象——套用泰勒主教

(Bishop John Taylor)的話——乃是「關乎『足夠』的神學」。富人的貪婪，因窮人的需要而獲得抑制。公正、和諧、均衡佔據上風位置。關乎 *shalom* 的神學是「有往有還的相互關係，追求自由多於平等、慷慨多於均分，一種不斷變化以保持均衡的生命系統」。[3] 過度的奢侈、自誇的野心、損人的貪婪，都與 *shalom* 羣體的整全滿足毫不相干。在上帝的 *shalom* 治下，窮人不再被壓迫，因為貪婪不再有力量。

耶利米曾為一眾先知與祭司發出哀歌，他們既虛偽又貪心：「他們輕輕忽忽地醫治我百姓的損傷，說：平安了！平安了！其實沒有平安。」(耶六 14)事實上，耶利米指控那些自以為是的假先知及假祭司——他們在社會的莫大創傷上貼上一塊小膠布，然後宣告：「*Shalom*，*shalom*，一切會安好！」耶利米卻怒吼：「*En shalom*，一切都**不**安好！公正被摒棄，窮人被壓迫，孤兒被漠視，地上沒有整全與醫治！」

不過上帝醫治的平安不會永久被摒棄。以賽亞預見將來有一天，人與人會復和，公正與公義會掌權，上帝的平安整全會得勝，百姓會「在耶和華的光明中行走」(賽二 4～5)。

聖經有一節深刻的經文，將三個我們探討過的希伯來概念——公正、憐憫、平安——統合起來：詩人指出，將來有一天「慈愛和誠實彼此相遇；公義和平安彼此相親」(詩八十五 10)。

上帝對今日我們身處的世界有何話要說？上帝看得到公正與公義在我們當中日益增加嗎？上帝看見我們欠缺憐憫，會傷心難過嗎？地上有誰時刻將上帝的平安帶進生活中？

我不僅向世人拋出上述問題，也向那些以基督為中心的人扣問。上帝看見我們當中巨大且日增的不平等，會感到開心嗎？我們在炫富的同時，罔顧基督徒弟兄姊妹的貧困饑饉，上帝豈不哀痛不已？我們能否超越自己國家利益，讓公平如大水滾滾，公義如江河滔滔？我們難道沒有責任行公義、好憐憫、存謙卑的心與上帝同行，以致能活在祂的奇妙平安中嗎？

這些都是難答的問題，但若我們認真面對上帝藉著舊約給人的啟示，就不能不問自己這些問題。

3

聖經根據：新約

The Biblical Roots: The New Covenant

我輕看一切財產——除非關乎上帝國度。

李文斯頓（David Livingstone）

耶穌在一個宣言中表達了對窮人的立場，祂表示要「叫那受壓制的得自由」（路四 18）。然後耶穌在百姓中間施行教導與醫治，察看到許多壓制他們的重擔。祂要除去這些重擔，尤其當中最大的重擔——就是他們要靠己力為明天籌算。

耶穌看見人如何為了獲取財利疲於奔命。祂感受到他們何等脆弱——深信自己有責任供應自己的需要，並看顧自己。使徒保羅提到那些想發財的人「用許多愁苦把自己刺透了」（提前六 9～10）。耶穌看到許多人心中的愁苦——從爭財逐利而來的愁苦。

耶穌也看到人如何因為得不到財利而鬱鬱寡歡。在耶穌的日子，貧窮是失寵於上帝的標記，欠缺今生貲財的人，難免覺得上帝敵擋自己。記得門徒聽到耶穌說駱駝穿過針眼，比財主進上帝的國更容易時，有多困惑嗎（太十九 24）？這困惑源於相信那個少年官所擁有的財富是蒙上帝寵愛的記號。難怪門徒驚呼：「這樣誰能得救呢？」（太十九 25）窮人覺得不蒙上帝悅納，心靈飽受創傷，耶穌深知他們的苦痛。耶穌多番駁斥這錯謬且損人的教義，並申明在上帝的國裏，那些貧窮、哀慟、受壓的反而格外蒙恩惠得關注（太五 1 ～ 12）。耶穌的一言一行，表明祂要摘去灰心失望者的重擔。

論到試圖緊抓財利不放的人，耶穌點出他們的心理負擔。耶穌深明財利的隱患，常常警戒人要小心提防。祂提到「錢財的迷惑」（太十三 22）；錢財確可迷惑人，因錢財引人對其信賴，而耶穌看穿箇中的誘惑，並對靈命的損害。這正是那個富有少年官的負擔——他擁有家財萬貫，但更重要的是，他的心靈已被這萬貫家財佔據。在所有壓迫當中，他受到的這種壓迫最使人靈裏軟弱。

對所有為明天憂慮或為其他事物心靈受困的人，耶穌發出慈憐的邀請：「凡勞苦擔重擔的人可以到我這裏來，我就使你們得安息。我心裏柔和謙卑，你們當負我的軛，學我的樣式；這樣，你們心裏就必得享安息。因為我的軛是容易的，我的擔子是輕省的。」（太十一 28 ～ 30）接下來，我們要探究這教導的含義，看它如何感召我們得自由得釋放，過簡淳的生活。

基督為中心

綜觀全本聖經，關乎基督教簡淳再精彩不過的經文，定必是馬太福音六章。[1] 這章經文洋溢喜樂與信任。此前耶穌宣告上帝的國已臨到人間，因此我們可以活出嶄新且光輝的自由，自由地去施捨、禱告、禁食而毋須獲得人的首肯。我們能夠遵行那毫不含糊的吩咐：「不要為自己積攢財寶在地上。」（太六 19）我們可以專心過「積攢財寶在天上」（太六 20）的生活。我們可以與眾不同，拋開憂慮，因為那位厚賜供應天上的鳥、野地的花的上帝，時刻看顧我們。我們不再像外邦人，要為明天擔憂不息。我們的眼光與心都專注專一，可以自由自在地「先求他的國和他的義」，知道一切所需都會獲得供應（太六 33）。

耶穌的教導有正反兩面的吩咐：「不要為自己積攢財寶在地上」及「要積攢財寶在天上」（太六 19～20），這裏的「財寶」不僅是錢財，也包括我們信賴並依附的東西。以我的兒子為例，他們小時候會有特別的財寶，而那常是我意料不及的東西，可能是光滑的石頭、異樣的樹枝、一大堆橡皮圈之類——但對他們來說都是不得了的財寶。耶穌對我們的警告，是不論我們在地上的財寶是甚麼，都要留意不可太著緊那些東西，因為它們終究會叫我們失望，而且會讓我們不再如我們所渴想的、自由自在且有力量地活在上帝的國裏。耶穌知道我們需要從地上的東西取得安全感，但祂告訴我們不要這樣做，並給了我們三個理由為何不要積攢地上的財寶，卻要積攢財寶在天上。

第一個理由：人世間是個很不穩妥的地方（太六 19～20），沒有任何可以藏寶之地。今日我們可能不再懼怕蟲子與銹壞，但通貨膨脹這個賊，我們難以避免它「挖窟窿來偷」。耶穌要我們面對一個殘酷的現實：不論我們覺得把財寶安置得多穩妥，始終只會使我們失望。

第二個理由：我們的財寶是甚麼，甚麼就會掌控我們的整個生命：「因為你的財寶在哪裏，你的心也在那裏。」（太六 21）耶穌說的不是我們的心應否放在我們的財寶上，而是說我們的心一**定會**放在那裏。

在這事上沒有例外：我們全部心思都會放在財寶之上。耶穌說「一個人不能事奉兩個主」，祂的意思不是說事奉兩個主不明智，而是說事奉兩個主根本不可能。如果我的財寶是錢財，或學歷，或任何地上的東西，我的心思就不會在上帝之上。

耶穌有一個很深刻的說明：「眼睛就是身上的燈。你的眼睛若瞭亮（譯註：瞭亮亦可譯作專一，英文是 single），全身就光明。」（太六 22）假若我心裏只有一個財寶，就是基督和祂的國，我們就是活在簡淳的光明中。「眼睛瞭亮」（single eye）是古老的說法，內中含義豐富，不易在翻譯中完全描述。它有兩重意思，包括專一的人生目標及慷慨無私的心靈。這兩重意思對希伯來人來說不可分割，以致可以用一個短語來形容。對上帝專一，以及慷慨的心靈，是一個硬幣的兩面。而在閃族語言中有「惡眼」（evil eye）的說法，是貪婪的替代詞，與「亮眼」形成對比。[2]

耶穌一生專一向上帝，以致能夠誠心實意地說祂憑著自己不能做甚麼（約五 19）。耶穌所說的都是天父的說話，所做的都是天父做的事。令人吃驚的是，耶穌呼召我們在自己所做的事上，進入這種與天父的合一。耶穌邀請我們過「眼睛瞭亮」的生活，讓生命浸潤在光明與合一之中。定睛在基督身上，以基督為中心，就能擁有愉悅與慷慨的心。這就是簡淳。

第三個理由：耶穌吩咐我們不要積攢財寶在地上，因為上帝的供應已然足夠。天上的鳥，野地的花，見證了上帝國的法則——萬人與萬物，都有上帝的充足供應。上帝會按我們所需供應我們，正如祂看顧一切花和鳥。

耶穌的意思不是叫我們放棄謀生，也不是吩咐我們與家人相聚時，在餐桌前宣告：「聖經說我們不要為飲食操心，因此我們照辦。」不！我們要工作，卻是憑著信工作，而不落入焦躁與疑慮之中。在實際生活層面，這正是解決了「信心」與「行為」的疑難：我們憑著信任與信心度日，一切行動與行為，皆以信靠為源頭。催促我們工作的，不是對明天的憂慮與恐懼，而是對上帝誡命的順服。我們按正確且美好的目標謀生（正如飛鳥所做的），獲得的不僅是勞動的成果，更是上帝的恩惠施予。我們不再單顧著為了擁有而工作，自能生活不帶擔憂。

當信任滲透我們的工作與生活，我們就能看穿為明天擔憂的不智。不再為明天憂慮，就能夠先求基督的國和基督的義，基督由此成為我們思想、言語、行動的焦點。

與窮人站在同一陣線

基督教簡淳生活，必須緊扣對窮人與弱勢社羣的關懷。只要身處基督核心不久，就必然會被催促去關顧鄰舍。在基督眼中，愛上帝和愛鄰舍是通往窄門的同一條路——你必須同時做這二事，才可進到門前。正如那個好心的撒馬利亞人，我們會發現人生路上總會碰到流血與流淚的事。

也許沒有任何新約書卷比路加福音更多且更熱切為弱勢社羣發聲的了。路加福音是窮人的福音，是無聲者的聲音。只要數算一下，就可發現路加福音給窮人的關注冠絕新約。但除了次數的計算，路加福音對傷心無助者更有一份特殊的溫柔。可以說，路加福音為我們提供了寶貴的視角，讓我們透現新約中簡淳的呼召。

惟獨路加福音記錄馬利亞的《尊主頌》，這篇頌詞讚頌上主，優美動人，但同時表示對卑微窘迫者的支持——很多人錯過了這個重要的信息：

他用膀臂施展大能；
那狂傲的人正心裏妄想就被他趕散了。
他叫有權柄的失位，
叫卑賤的升高；
叫飢餓的得飽美食，
叫富足的空手回去。（路一 51 ～ 53）

路加福音中的基督降世故事明顯帶著簡約風格：馬利亞的順服、馬槽的卑微、西面與亞拿的忠信。人常驚詫於上帝的揀選：君王誕生的場景，竟然是不起眼的伯利恆及純樸的牧羊人。或許上帝是藉著祂獨生兒子的降世方式，向我們透現福音生命（the Gospel life）的本質。

試看施洗約翰給民眾的簡潔指示：「有兩件衣裳的，就分給那沒有的；有食物的，也當這樣行。」給稅吏的指示關乎誠實：「除了例定的數目，不要多取。」給兵丁的指示關乎知足：「不要以強暴待人，也不要訛詐人，自己有錢糧就當知足。」（路三11～14）這些教導的要點十分基本：關乎造就他人福祉的日常生活小事。

另一個路加福音的獨有記載，是耶穌在拿撒勒的宣告，可視為對窮困受壓制者的支持：

主的靈在我身上，
因為他用膏膏我，
叫我傳福音給貧窮的人；
差遣我報告：
被擄的得釋放，
瞎眼的得看見，
叫那受壓制的得自由，
報告上帝悅納人的禧年。（路四 18～19）

這裏每個羣組都是弱勢社羣——貧窮的、被擄的、瞎眼的、受壓制的。這明顯道出耶穌基督的關顧對象。這明顯也應該是基督徒的關顧對象。

路加福音的「四福/四禍」提及幾類社會階層：「你們貧窮的人有福了……你們飢餓的人有福了……你們哀哭的人有福

了……你們富足的人有禍了……你們飽足的人有禍了……你們喜笑的人有禍了」（路六 20～21、24～25）。貧窮的、飢餓的、哀哭的，與富足的、飽足的、喜笑的，形成對比。似乎世人覺得是不蒙福、無指望的社羣，反倒獲得特殊的榮寵。尤有甚者，那些世人覺得是幸福的社羣，反倒被宣告為有禍——窮人蒙福，富人有禍。

這是否等於說上帝不關顧富足的人？上帝敵擋有財富的人嗎？這些問題話音未落，我們已可感受其荒謬，因為我們心底知道上帝的愛是公平的。那麼應該如何理解這「四福／四禍」呢？顯然耶穌用的是猶太教師慣用的誇張法，去突顯上帝與軟弱困乏的人站在同一陣線。上帝尤其關顧那些無力關顧自己的人。透過這「四福／四禍」，耶穌申明祂對受傷、哀慟者的特別關注，祂也邀請我們去效法祂。

對無助者的慈憐，亦見於耶穌給一個宴席主人的建議，就是邀請那些貧窮的、殘廢的、瘸腿的、瞎眼的赴宴（路十四 12～14）。邀請那些人赴宴，當然不是為了提升自己的社會地位，而是因為那些人需要幫助。

同樣的觀點見於路加福音記述的財主與拉撒路的故事（路十六 19～31）。財主並非我們心目中的惡人，拉撒路的貧窮與財主無關，起碼沒有直接關聯。財主也沒有將拉撒路逐離家門（反而我們很多人會有此衝動），財主不過對拉撒路視而不見而已——然而這正是大惡所在！根據耶穌的說法，財主在陰間受苦，正因為對拉撒路的苦況充耳不聞。

另一位財主撒該與耶穌共席後，當眾宣告：「我把所有的一半給窮人；我若訛詐了誰，就還他四倍。」（路十九 8）誠實、慷慨、關顧窮人，三者密不可分。撒該的行動令耶穌回應：「今天救恩到了這家。」（路十九 9）

新約書信也有同樣的觀點。使徒保羅轉述耶路撒冷議會對外邦教會領袖的呼籲：要記念窮人（加二 10；亦參徒十五 35）。從前偷竊的，學習要勞力，親手做正經事，以致「就可有餘分給那缺少的人」（弗四 28）。就算是寡婦，也可以有慷慨賙濟困乏人的名聲（提前五 9～10）。

使徒雅各給「清潔沒有玷污的虔誠」下定義：「就是看顧在患難中的孤兒寡婦，並且保守自己不沾染世俗」（雅一 27）。富人在基督徒羣體不應獲得優待（雅二 2～9）。弟兄或姊妹有缺乏，我們要施以援手，而非說滿口虔誠的空話：「願你們穿得暖，吃得飽」。耶穌心愛的門徒約翰提醒我們，凡有世上財物的，看見弟兄窮乏，卻塞住憐恤的心，愛上帝的心就不存在我們裏面了（約壹三 17）。

錢財的險惡

新約多番強調錢財的險惡。耶穌關乎錢財，還有關顧窮人的教訓，其語氣之嚴正，令人咋舌不已。耶穌的建議似乎強人所難：「凡求你的，就給他。有人奪你的東西去，不用再要回來。」（路六 30）還有：「要借給人不指望償還」（路六 35）。若有人奪你的外衣，連裏衣也由他拿去（路六 29）。耶穌毫不含糊地命令門徒：「要變賣所有的賙濟人」（路十二33）。那個富有的少年官，不僅他的心要轉離財產，耶穌更要求他變賣一切所有的，才可以進上帝的國（路十八22）。主耶穌明明宣告：「你們無論甚麼人，若不撇下一切所有的，就不能作我的門徒。」（路十四33）

人若被基督的狠話嚇倒，而嘗試將祂的直白指令淡化為較溫和的建議，是徒勞無益的。耶穌對想做門徒的人說：「狐狸有洞，天空的飛鳥有窩，只是人子沒有枕頭的地方。」（路九58）耶穌又講了一個大財主的比喻，這人一生只顧囤積，耶穌稱他為無知的人（路十二16～21）。耶穌要門徒輕裝上路：「行路的時候，不要帶枴杖和口袋，不要帶食物和銀子，也不要帶兩件褂子。」（路九3；亦參路二十二36）又說：「你們要謹慎自守，免去一切的貪心，因為人的生命不在乎家道豐富。」（路十二15）耶穌向他當時的物質主義宣戰。財利的亞蘭文是「瑪門」，耶穌將瑪門視作敵對的神明，並提出警告：「你們不能又事奉上帝，又事奉瑪門。」（路十六13）耶穌用生動的圖畫描述財主進上帝國有多難，如同駱駝要穿過針眼。當然在上帝凡事都能，但耶穌明顯知道那有多難，因為祂知道財富對人的轄制。

新約書信的立場一脈相承，保羅說：「那些想要發財的人，就陷在迷惑、落在網羅和許多無知有害的私慾裏，叫人沉在敗壞和滅亡中。」（提前六9）雅各對富人的指責令人側目：「嗐！你們這些富足人哪，應當哭泣、號咷，因為將有苦難臨到你們身上。你們的財物壞了，衣服也被蟲子咬了。你們的金銀都長了銹；那銹要證明你們的不是，又要吃你們的肉，如同火燒。」（雅五1～

3）雅各此前也認為人貪戀錢財，就會觸發殺害爭戰：「你們貪戀，還是得不著；你們殺害嫉妒，又鬥毆爭戰，也不能得。」（雅四1～2）

保羅說監督必須「不貪財」（提前三3），執事必須「不貪不義之財」（提前三8）。希伯來書的作者說：「你們存心不可貪愛錢財，要以自己所有的為足；因為主曾說：『我總不撇下你，也不丟棄你。』」（來十三5）保羅認為有貪心的，就與拜偶像的一樣，又吩咐哥林多教會要嚴懲貪婪的信徒（弗五5；林前五11）。保羅將貪婪、淫亂與偷竊等並列，宣告做這些事的人不能承受上帝的國。保羅又勸富足的人不要倚靠錢財而不倚靠上帝，反要慷慨解囊與人分享（提前六17～19）。聖靈警戒志得意滿、不冷不熱的老底嘉教會：「你說：我是富足，已經發了財，一樣都不缺；卻不知道你是那困苦、可憐、貧窮、瞎眼、赤身的。」（啟三17）這是何等憤慨、有力、嚴厲的話！

這些說法顯示了門徒生命的應有立場，而這立場既堅決又駭人，絕對容不下（套用潘霍華的話）「輕鬆的基督教」或「廉價的恩典」。不過這不是惟一嚇怕我們的理由（容我相告：我也被那些狠話嚇得半死），這些說法之所以駭人，因為它們是誡命，在任何情況下都要遵行。你不能限制它們的應用範圍。不過，我們同時要明白，新約作者無意向人頒佈新的律法，而這些誡命內含的惟一限制是愛——愛上帝、愛鄰舍。魏樂德（Dallas Willard）說得好：「為了眾人的益處，愛是最合理的根據。」[3]愛不會導人走進偏鋒。若我將窮人帶進家中，卻毀了自己的家庭，這背後動機不是愛。耶穌的吩咐必須在更大的背景——「愛」這條誡命中理解。聖經教訓的用意不是毀滅人，而是叫人得釋放——它是帶來欣喜的自由號角聲，為飽受名聲、財富、權力壓制的人而響起。

我們不可過度強調新約對財富的批判。以耶穌為例，祂當然不是富人，卻也不屬以色列的貧下階層。新約學者亨格爾（Martin Hengel）估計，身為木匠的耶穌是「技術工人，屬於加利利的中產階級」。[4] 十二使徒基本上來自類似的社會背景。雅各與約翰的父親西庇太顯然擁有漁船，且有僱工與兒子共事（可一 20）。馬太似乎在蒙基督呼召前身居稅吏中的要職（可二 14）。門徒雖然拋棄故業去跟隨耶穌，但有貴婦「用自己的財物供給耶穌和門徒」（路八 3）。

耶穌常與窮人共處，卻也會跟權貴交往。祂不止一次與富有的法利賽人同席（路七 36，十一 37，十四 1）。亞利馬太的約瑟是財主，同時是耶穌的門徒（太二十七 57）。曾經夜探耶穌並其後成為門徒的尼哥德慕，也似乎是個財主（約十九 39）。

耶穌決非古板的禁慾主義者，祂甚至被指是「貪食好酒」的（路七 34），這個指控當然是誣衊，卻間接表明「喜樂」是耶穌生命的一個重要元素。耶穌參加為期七天的婚宴，甚至為賓客提供額外酒水（約二 1～11）。耶穌容讓價值約一年工資的香膏傾倒在自己身上，甚至有門徒埋怨祂不顧念窮人（太二十六 6～12）。使徒保羅知道怎樣處卑賤，也知道怎樣處豐富，無論甚麼景況，都可以知足。

我們從新約可以發現一種協調：既尖鋭批判財富，又對財物等事無慮復無憂。這種協調在今日極為罕見。

火熱的團契

上帝國的生命權能在五旬節迸發人間，亦成為著力踐行基督教簡淳的催化劑。初生的耶路撒冷教會，是簡淳生活典範。此前一眾門徒是烏合之眾——鬥嘴、中傷、爭權、奪利，經常爭論誰居首位。他們沒有焦點，不知簡淳生活為何物。然而時日過去，耶穌終於建立了一個順服上帝（簡淳生活的常見特質）的羣體：就是上帝吩咐「等！」就會等，吩咐「去！」就會去，吩咐「奉獻！」就會奉獻的一班人。他們備受考驗，經歷了許多失敗，以及少許成功；他們不完美，相當無知，卻是一個預備好了的羣體。上帝吩咐他們「等候」，他們就耐心、順命、單純地等候。然後，火從天降下。

這個火熱團契的經濟模式及其影響，洋溢喜樂與自由的氣息：「信的人都在一處，凡物公用，並且賣了田產、家業，照各人所需用的分給各人。」（徒二44～45）其原則就是：「照各人所需用的分給各人」，直到匱乏者得到供應。

生活上的分享幾乎自然而然、不知不覺地與其他靈命操練結合在一起，譬如教導與禱告：「都恆心遵守使徒的教訓，彼此交接，擘餅，祈禱」（徒二42）。巴拿巴成了一個自願慷慨的示範——他將田產賣掉，所得盡歸教會所有（徒四36～37）。

請注意：發生在初代教會的事，不見得是出於命令，甚至也不一定是對的。這不是要人依樣葫蘆，但這些事讓我們看到箇中的自由，以致以行動嘗試體現「愛上帝愛鄰舍」的涵意。在基督的權柄下，被聖靈充滿的基督徒樂意用全新的方式踐行彼此相愛。

這豈非適合我們的模式嗎？不是一套法制，而是新的自由，去探求基督徒共存之道是甚麼回事。使徒行傳展示的慈心是重要的線索，啟示聖靈在今日想要行動的方向。

上帝權能與教會「新經濟」的緊密關係，是理解這一切的關鍵。這邊廂是使徒行了「神蹟奇事」，那邊廂就是「信的人都在一處，凡物公用」（徒二 43～44）。上一節是信徒祈禱後聚會的地方震動，「他們就都被聖靈充滿，放膽講論上帝的道」，下一節就是「那許多信的人都是一心一意的，沒有一人說他的東西有一樣是自己的，都是大家公用」（徒四 31～32）。再下一節又提到上帝的大能：「使徒大有能力，見證主耶穌復活；眾人也都蒙大恩。」（徒四 33）然後就提到信徒慷慨奉獻，就是這樣周而復始，如交織成一幅掛氈，編合成一條繩子。

這些段落不足以建構系統神學，我也無意將它們化為給普世教會應用的規矩教導。我想指出的不過是，昔日有一班門徒被聖靈充滿，以致他們整個生命改變了。他們有了新一層的經驗——神蹟、奇事、異能不斷，人人耳聞目睹聖靈的能力。在上帝生命的澆灌中，人人甘心且慷慨地分享所有——這是理所當然的，因為病得醫治，破裂關係復和，僕人式領導付諸實現。老實說，當上帝大能顯於子民當中，彼此分享不會是難事。上帝大能的手和伸出的膀臂令這一切得以持續。還有誰會懼怕甚麼呢？還有甚麼更好的經濟保障呢？就算有欺哄的事發生，如亞拿尼亞與撒非喇所做的，很快就能辨別出來並妥善處理，因為上帝的大能在羣體中（徒五 1～11）。

有人覺得耶路撒冷教會的快樂分享事迹難以置信，這是可以理解的：這些人從未有過類似體驗。在此容我分享小小體驗，說明這一切的確可以實現。當上帝的大能臨到一班**有足夠準備的人**，分享所有確然是可能的，而且令人驚喜交集。我要強調「有足夠準備」的重要，因為正如初代教會信徒的經驗，即或體會過上帝的大能經驗，對於自我中心的本性，這些經驗未必會有持久果效（例子可參路九 1 與路九 54 的對比）。但當一班矢志背負十架、順服上帝的人聚集，聖靈的火確然可以燃點一切，包括所有經濟關係。

此刻你可能暗忖：「為何要講論神蹟、上帝能力、靈性上的準備這些事？不可以單單將生活方式簡化而不提上帝嗎？」我的答案是：你儘管試試吧，求上帝幫助你——因為你會發現實在需要上帝幫助！我很同情這種希望立刻上馬的焦急心情，但是聖經清楚告訴我們，要從自我中心及滿腦子貪婪的個性，轉化為有愛心願分享的羣體，並非單單倚靠良好意願及堅強意志就可以。

過去我曾毫無差別地向所有遇見的人宣揚簡淳生活——我會軟硬兼施，而對方通常會改變生活方式，但我發現這通常都是弊多於利。我發現簡淳成了另一個帶來焦慮的重擔，除非那人經驗過上帝供應日用飲食的恩典與大能。惟有天國能力彰顯，人才可以釋然活在信靠中。

但這不也是你的發現嗎？也許你曾關心世上的貧富懸殊，並向貧乏的弟兄姊妹敞開心懷及錢囊；也許你曾在禮拜堂或社區倡議社會關懷行動，甚至曾經試過與人凡物公用，進行過類似的經濟生活實驗——然而，在你心底總有一種枯乾或強迫的況味。沒有聖靈的膏抹，人際關係未得修復。奉獻完成了，卻不見溫馨與活力。正如昔日摩西看見百姓被壓迫的慘況，憑血氣做點事，卻以慘敗收場——這也十足你的景況。做盡好事了，卻仍忐忑不安，覺得欠缺最要緊的甚麼。也許我們要效法使徒的腳蹤：他們有過慘痛教訓，學會首要的是求上帝的國，然後經驗天國的生命與能力，方能以前所未見的方式去彼此服事。

放棄權利的自由

簡淳，端乎能否為別人的好處放棄一己權利。這情況不斷見於初代基督徒羣體的經驗，而這又是建基於基督的榜樣：祂本來富足，卻為我們成了貧窮，而且「存心順服，以至於死，且死在十字架上」(林後八 9；腓二 8)。

試看使徒如何以慈心化解問題，處理說希臘話的猶太寡婦被疏於照顧一事 (徒六 1～7)。這些寡婦在文化上與說希伯來話的寡婦差異甚大，似乎忙亂間在每天供給的事上被教會忽略了。這過失顯然不是故意的，但在初代基督徒中間有可能引發分歧。猶幸在聖靈光照下，事情得到圓滿解決。使徒很明智地作定斷，將實務交給七個由耶路撒冷教會選出的人，都是被聖靈充滿、智慧充足的人。這個七人小組滿有慈愛和恩慈，他們都是自被忽略的一方——他們每個人都是有希臘名字的！說希伯來話的信徒放棄了自己的權利，不求自己的益處。他們摒棄貪心與自以為是，因此說希臘話的寡婦得到照顧，公義得勝，破裂關係得以修復。

這是何其令人振奮且明智之舉，是簡淳精神的示範。也許你和我一樣，經常盼望自己更能夠放下，不再老是想要自己話事！你常禱告希望在基督徒羣體裏也可以如此。事實上，我們個體的軟弱，豈非更突顯聖靈帶領的新羣體的經驗嗎？結果令人鼓舞：「上帝的道興旺起來……門徒數目加增的甚多」（徒六 7）。

捨己為人，是保羅道德教訓的核心原則。他教導哥林多信徒，他們中間若有相爭的事，寧可各自讓步，也不應將事件帶上法庭，令基督的名受損。他說：「為甚麼不情願受欺呢？為甚麼不情願吃虧呢？」（林前六 7）人為何不這樣做呢？基督為我們受苦，我們蒙召「跟隨他的腳蹤行……他被罵不還口；受害不說威嚇的話，只將自己交託那按公義審判人的主」（彼前二 21、23）。

保羅完全有資格勸勉哥林多信徒為基督與祂的國放棄自己的權利，因為他自己在他們中間就是這樣。保羅絕對有權在哥林多一年半事奉期間接受經濟上的支持。保羅問哥林多信徒：「難道我們沒有權柄靠福音吃喝嗎？……我們若把屬靈的種子撒在你們中間，就是從你們收割奉養肉身之物，這還算大事嗎？若別人在你們身上有這權柄，何況我們呢？」保羅當然有這權利，這是人盡皆知的，但他接著說：「然而，我們沒有用過這權柄，倒凡事忍受，免得基督的福音被阻隔。」(林前九 4、11～12) 保羅寧可織帳棚養活自己，也不享用自己的合理權益，好讓基督的道能在哥林多傳得更廣。

講完上述兩個例子，我要提醒大家不要將箇中原則扭曲成新的律法，成了捆綁，而非釋放。惟盼我們能夠拒絕這試探。事實上，有時將爭執交付法庭審理，可以是正確且有益的事；許多時奉獻支持福音事工，福音使者受薪事奉，也是合情合理的——保羅的意思不是要頒佈新的律法，而是要具體顯明如何實踐「愛弟兄，要彼此親熱」(羅十二 10)。

保羅募捐非為私己，而為與缺乏的人分享 (弗四 28)。他勸哥林多信徒在馬其頓給耶路撒冷信徒的捐助上，要格外的慷慨 (林後八章)。雅各勸做生意的人，要將生意放在上帝的旨意中，希望他們明白生命重於生意與財富。雅各提醒他們：「你們的生命是甚麼呢？你們原來是一片雲霧，出現少時就不見了。」(雅四 14)

彼得與保羅常勸信徒要接待客人，而任何持家的人都知道，接待客人經常會帶來諸多不便 (彼前四 9；羅十二 13；提前三 2；多一 8)。雅各明明地說，看見弟兄或姊妹衣不蔽體、缺乏日用的飲食，就要賙濟他們 (雅二 14～17)。

約翰一書說基督為我們捨命，所以我們也當為他人捨命。作者更具體地描述我們可以怎樣為他人捨命：「凡有世上財物的，看見弟兄窮乏，卻塞住憐恤的心，愛上帝的心怎能存在他裏面呢？」(約壹三 17) 這是明知故問的問題。上帝的愛體現於簡單實際的行動，而我們「總要用愛心互相服事」(加五 13)。

請留意「他人的益處」一直都是主導的原則。人要摒棄對自己益處的不息尋求。最為首要的，是這羣體的益處，及基督國度的拓展。

強人所難的邀請

耶穌基督及所有新約作者呼喚我們，要除掉對瑪門的慾望，從而過充滿喜樂的信心生活。他們一邊激烈批判財富，另一邊倡議毫無保留的慷慨精神。他們指向這樣的信念：人所領受的都是禮物，人所擁有的都有上帝照管，而且我們所有的都可與人分享——若這是對的事好的事。這是基督教簡淳的核心框架。這是得釋放與力量的途徑，也是勝過恐懼與貪婪的方法。

我在講論舊約理據的篇章承諾，會談到為何新約作者不以「十一奉獻」為基督徒奉獻的指引。這事是頗明顯，也叫人頗意外的，尤其對保羅來說。如果保羅想以「十一」為奉獻準則，他在勸人捐助耶路撒冷信徒時大可以提出。但為何耶穌、保羅及所有使徒，都沒有重申這廣為人知的舊約傳統呢？

如今你看完新約關於簡淳的講論了，尤其是對財富的看法，你應該知道上述問題的答案了吧？簡言之，「十一」根本並未足以體現於上帝國度裏，可以對財產淡然處之的概念。耶穌基督是我們**一切**財利之主，而不僅是我們一成財利之主。人實在可以遵行十一奉獻的律法，同時不去正視瑪門的誘惑。我們會覺得每月奉獻給教會已經滿足耶穌律法要求了，而不去認真剷除心底的貪婪之根。人實在可以一面作十一奉獻，一面壓榨窮乏窘迫的人。耶穌嚴斥法利賽人：「你們這假冒為善的文士和法利賽人有禍了！因為你們將薄荷、茴香、芹菜獻上十分之一，那律法上更重的事，就是公義、憐憫、信實，反倒不行了。這更重的是你們當行的，那也是不可不行的。」(太二十三23)薄荷、茴香、芹菜是後花園的香料，十分一的價值十分有限。換言之，對十一奉獻斤斤計較，卻對公義、憐憫與信實視若無睹，這是何等可悲之事！

相信你也留意到耶穌沒有否定十一奉獻了(「這更重的是你們當行的，那也是不可不行的」*)。十一奉獻本身不一定是惡的，只是要回應耶穌的呼召，不去憂慮擔心生活的供應，以十一奉獻為基礎並不足夠。它不足以擊潰物質主義這偶像。它不能帶來自由與釋放，而自由與釋放正是天國子民中羣體經濟上的特徵。也許十一奉獻是個起步點，讓人學習確認上帝是萬有之主，但這不過是起步而非終點。

昔日耶穌在聖殿看著人奉獻，祂為一個窮寡婦的獻金而感動。她的奉獻有何特別感動耶穌之處？耶穌的說法是：「因為，他們都是自己有餘，拿出來投在裏頭；但這寡婦是自己不足，把她一切養生的都投上了。」(可十二44)

她的奉獻出於一份忘我的委身。她顯出了專一的忠誠，滿足了那個要盡心、盡性、盡意、盡力愛上帝的誡命。事實上，馬可

* 有學者認為這片語是個註釋，因它似乎與信息的意思不協調，不過仍沒有支持這看法的聖經抄本出土。

福音這故事出現在兩大誡命之後，就像它們的一個註腳。這無疑是個簡單行動，卻成了一個基督徒的見證：這是個不再對瑪門膜拜、不再對貪婪戀棧的婦人；這是個忘情奉獻、毫不吝嗇的人；這是個無助無援的寡婦，卻學會天天仰賴天父供應，能夠先求上帝的國和上帝的義。我們有膽量追隨她的腳蹤行嗎？

4

簡淳：聖徒的榜樣

Simplicity Among the Saints

我勸你追求神聖簡淳的生命。

方濟各．沙肋爵（Francis de Sales）

歷史能夠巧妙地救人脫離當代迷思，領我們進入「聖徒相通」的新景致。我們恍然大悟，原來上帝曾經在古時説話——我們並非惟一亟盼憑信心遵行祂啟示的人。以我自己為例，一個以基督教簡淳為主題的作者，發現了十五世紀天主教教士薩佛納羅拉（Girolamo Savonarola）一部鉅著，名為《基督徒生命簡淳之道》（*The Simplicity of the Christian Life*）。這發現實在教我訝異不已，並掃除了一切「昔不如今」的倨傲，讓人不得不謙卑下來。

一眾靈修大師，各有迥異的性格，但都具備一個明顯特質，套用威廉．占士（William James）的話：「聖徒之間有某種共同的神聖表徵。」[1] 他們來自不同的文化與年代，惟其見證何等神奇地相似：其中一個見證就是基督教簡淳。希波的奧古斯丁（Augustine of Hippo）、亞西西的方濟（Francis of Assisi）、巴斯噶

（Blaise Pascal）、蓋恩夫人（Madame Guyon）、巴克斯特（Richard Baxter）、諾里奇的猶利安（Julian of Norwich），他們性格天差地別，卻都蒙召活出簡淳生命。

我們要細聽這些昔日的聲音，探究他們的見證，效法他們的榜樣。本章我們會看六個基督教簡淳的「模式」——當然，這些都不過是其中一些代表，歷世歷代的基督徒見證委實多姿多采，數不勝數。

世上沒有完美的模式。人是有限的，犯錯難免，扭曲真理也在所難免，教會歷史上的各個運動也不例外。我們會看每個模式的缺失，但這些缺失不會攔阻我們發現當中也有美好見證——乃是一個個學會「擺脱外在纏累」、[2] 與上帝同行的生命。我們會看「簡淳」的主題如何在每個運動中體現。最後會看關乎基督教簡淳的三篇經典作品的引文，作為本章的總結。

熱情的關顧分享

緊接著使徒年代的時期，基督徒羣體洋溢著一片熱情關顧與分享的氣氛，是古代世界裏獨一無二的。羅馬皇帝朱利安（Julian the Apostate）雖敵視基督教，卻說「那些心中無神的加利利信徒〔譯註：指基督徒〕不但賙濟自己的窮人，也賙濟我們的窮人」。[3] 特土良（Tertullian）描述基督徒的愛心行動純潔高尚，甚至異教徒也驚歎：「看啊，他們彼此相愛！」[4] 那些基督徒究竟做了甚麼事，使人得出上述評價？

首先，在基督羣體中，關顧行動做得很徹底。《十二使徒遺訓》(*The Didache*)勸誡基督徒説：「不可撇棄窮乏人，當與弟兄分享一切，莫以財物為己所有。」[5] 公元二五〇年，在羅馬接受基督徒照料的窮人達一千五百名。基督徒的慷慨為懷，伊格那丟(Ignatius)形容為「在愛心上居首」。哥林多主教狄尼修(Dionysius of Corinth)描述基督徒「在每個城市賙濟許多教會」。[6] 當富裕的小亞細亞船主馬吉安(Marcion)在羅馬加入基督教時，也曾一筆過向教會奉獻了二十萬羅馬幣塞斯提斯(sesterces)。

有一段來自革利免一世(Clement I)的話，透露了基督羣體的愛心：「人人當順服鄰舍……富人當供應窮人所需；窮人當稱頌上帝，因祂叫富人補足窮人的缺乏。」[7] 特土良有個長長的名單，列舉接受基督徒賙濟的羣組。基督徒扶貧，救助孤兒，照料獨居老人，為窮人辦殮葬，接濟船難生還者，供養因信仰被流放孤島或礦坑的弟兄姊妹。

有工作能力的人理應做工，就可以有餘糧分給窮人。偽革利免文獻(Pseudo-Clementine literature)有這個説法：能做工的應做工；無一技傍身的應學習手藝；不能做工的應接受教會照顧。[8]

基督徒亦會支援因持守信仰而丟了飯碗的人。由於演戲行業與異教關係密切，若有演員歸信基督後決意離開舞台，教會會願意照顧他。

面對危難，基督徒義不容辭。公元二五三年，努米底亞(Numidia)遭遊牧民族入侵，許多基督徒流離失所，居普良(Cyprian)在迦太基(Carthage)為他們募集了十萬羅馬幣塞斯提斯捐款。

信徒甘心樂意的分享，不只限於自己的羣體，他們對上帝的信心既簡淳又專一，活在全然自由中，因此會願意跟任何有需要的人分享所有。金口約翰（John Chrysostom）也見證：「教會在這裏天天供應三千人的口糧。教會又天天為囚犯、病人、客旅、痳子、教士及其他人供應衣食。」[9] 當疫症在迦太基及亞歷山太爆發，基督徒是第一批賑災者。殉道者游斯丁（Justin Martyr）說，基督羣體為照料孤兒、寡婦、病人、犯人、異鄉人籌款，「簡言之，他們關顧一切有需要的人」。[10]

這些持續不斷的愛心奉獻行動，很難用教會或世俗政治的因由來解釋。這些行動是本於對基督的委身——而基督呼召他們去關顧窮人。這些基督徒真心相信上帝是一切美善的源頭，他們的慷慨不過是效法上帝的慷慨。他們心無焦慮，因為知道明天在上帝掌管中。他們活出簡淳。

論到描述關顧分享的熱情活力，基督徒哲人雅里斯底德（Aristides）可謂無出其右，他在公元一二五年寫下一段話，感人至深，容我引述如下：

> 他們〔譯註：指基督徒〕恪守謙卑與良善之道。他們中間沒有虛謊，只有彼此相愛。他們不會蔑視寡婦，不叫孤兒難過。凡有的會跟沒有的分享所有。他們遇見異鄉人會樂意款待，並且視若弟兄——他們在羣體中亦以弟兄相稱，非因血緣，乃因上帝的靈。他們當中有貧困者過世，其他人知道了，會按己力協助安葬逝者。他們聽

> 聞某肢體被囚禁、或因彌賽亞之名被逼迫，人人都會盡力賙濟——若能救那肢體脫離困境，定必盡心救助。他們當中若有窮乏人，雖然自己捉襟見肘，卻仍會禁食數天，騰出食物，供應最缺欠的人。[11]

這種簡淳模式與我們的現況息息相關。今日我們需要發掘全新且創新的關顧方法，與窮人分享所有。

棄絕的力量

見於沙漠教父教母的棄絕力量，是基督教簡淳的第二個模式。

隨著歲月過去，初代教會遭受的逼迫漸漸減退，殉道亦漸漸不再是見證基督的主要方式。不過世界對福音信息的敵視沒有改變，改變的只是策略——逼迫去後，緊隨的是同化。

沙漠教父教母逃離世界的方法，是退到沙漠裏。世界（包括教會在內）已遭世俗物質主義滲透，沙漠教父教母覺得惟一的抵禦方法是棄絕世界。梅頓（Thomas Merton）在他的著作《沙漠的智慧》（*The Wisdom of the Desert*）的概論裏寫道：「社會……在沙漠教父眼中是觸礁的船，眾人必須盡速跳海並游開，才有活命的可能。」[12]

沙漠教父教母期望藉著徹底棄絕，以復興真正的基督委身與簡淳精神。他們的經驗與我們尤其相關，因為現代社會不幸地與沙漠教父教母所攻訐的社會何其相似。世界問：「我怎樣可以獲得更多？」沙漠教父教母問：「我有甚麼可以捨棄？」世界問：「我怎樣可以找到自己？」沙漠教父教母問：「我怎樣可以捨下自己？」世界問：「我怎樣可以贏得朋友與影響力？」沙漠教父教母問：「我怎樣可以愛上帝？」

被稱為「修士之父」的聖安東尼（St. Anthony, 251～356）約在十八歲時聽到福音書的話：「……去變賣你所有的，分給窮人……你還要來跟從我。」（太十九21）他踏出教堂，將自己的土地送給人，又變賣自己的財產，除了保留部分給妹妹維生，其餘就分給窮人。他起初住在自己村落的外緣，其後隱居於曠野，過了二十年全然獨居的生活。他在獨處中被迫面對一個虛謊而空洞的自我。他學會不受別人的意見左右。他脫離人的約束——在面對許多暴烈試探後。

聖安東尼步出了曠野的獨處生活後，生命煥發著恩慈、仁愛、良善、忍耐、溫柔的光輝，他脫離了忿怒的捆綁，並且能夠不住地禱告。人們在他身上發現獨一無二的慈心與能力，很多人向他尋求靈性指導，請他禱告醫治，甚至君士坦丁大帝也向他問道。他的事奉既有效又多元，並且持續長久。他在晚年時再度退隱曠野，以一百零五歲高齡安息主懷。

沙漠教父教母棄絕物質，為體會向主專一簡淳是怎麼回事。他們為上帝「較力爭勝」，不讓任何世務纏身。他們倡護的修道主義的確有過甚之處，但今日教會何嘗不是走在過甚的另一極端？

沙漠教父教母棄絕物質，帶來巨大的轉化力量。這些人丟棄己有，為了學習抽離；他們治死擁有的需要，獲得極大的自由。有一個沙漠教父教母的傳聞，提到一個貴冑，帶了一籃金子到一個曠野修士跟前，請他分贈弟兄。修士回答說：「他們不需要金子啊。」貴冑堅持要他們收下，並將那籃金子放在修院門外，對修士說：「請你告訴弟兄們，有誰需要金子，請他自便。」然而沒有任何弟兄碰過金子，甚至沒有人正眼看過。貴冑驚訝不已，但亦得了造就，最終帶著那籃金子走了。[13]

抽離就是脫離人間轄制，我們的人生不再落入掌控我們生計的他人手中，物質不再挑動我們的思緒，世界不再主導我們的命運。

沙漠教父教母棄絕言語，為要學習憐憫。有個美麗的故事，主角是馬卡里烏斯（Macarius），這位修院院長對斯基特（Scete）修院的弟兄說：「弟兄們，快逃！」大家面面相覷，其中一人忍不住問：「我們已經身在曠野，還可以逃到哪裏？」馬卡里烏斯用手指抵在嘴唇上，說：「要逃離這個。」羅馬教育家亞爾瑟尼（Arsenius）是另一位拋下名利退到曠野的教父，他曾禱告說：「主啊，領我進入救恩之道。」卻聽到有聲音說：「你要靜默。」[14]

靜默令我們毋須轄制他人。我們難以忍受靜默，其中一個原因，是靜默讓人感到無助——我們習慣了用言語去管控他人。為要制約他人，我們會滔滔不絕，歇斯底里，無非渴望對方贊同，採納我們的觀點。我們評價別人，論斷別人，將人定罪。我們用言語殺人——靜默是艱深的靈命操練，因為靜默能夠制止上述行徑。

能夠安靜，不管控對方，才可以憐憫對方——在他們的傷痛與需要之中，我們可以陪伴在則。從內心安靜之中泛起的話，有釋放的能力。聖安東尼認為靈命的真正考驗，在於能否自在地懷著慈心活在人羣裏：「與鄰人共處，蘊含生與死的可能——因為善待弟兄就是善待上帝，毀謗弟兄就是得罪基督。」[15]

沙漠教父教母棄絕活動，為要學習禱告。禱告是曠野體驗的軸心，這些為上帝較力爭勝的人丟棄萬事，為要專注於一個最大需要之上：禱告是生命的要務。聖佳德（St. Agatho）說：「再無事務比禱告更大……人在宗教生活擔當的事務，不論何等繁重或忙碌，總有稍息的時刻；惟獨禱告是片刻不容放下的擔子，至死方休。」[16]

禱告釋放我們，得以讓上帝掌管。禱告帶來改變。基督徒生命中沒有比禱告更大的釋放力量。若曾與上帝四目交投，生命就會不再一樣。沐浴在真光中，默默驚詫，甘心降服，是緩慢而永久的改變。內心渴望變得更有深度，更想追求密契。我們會覺得心底有了新的管控核心，而且受祂管控。

我們當中可能沒有人被引領要採納沙漠教父教母的生活方式，但我們仍須祈求上帝賜下合用的「皮袋」，承載我們學習活出抽離、憐憫、禱告的簡淳生命。

簡淳之喜樂

亞西西的修士聖方濟（St. Francis of Assisi）及他滿有喜樂的伙伴，展示了基督教簡淳的另一模式。他們以上帝大愛行走天地間，而且大有喜樂——喜樂是他們簡淳的標記。

方濟（1182～1226）是基督信仰史上最有魅力的人物之一，生於意大利小鎮亞西西的富有之家。他的少年日子相當輕狂，是無拘無束的花花公子，又是地方權貴社交圈子風頭人物，會發起各種狂歡聚會。

其後，基於病患及戰場上的挫敗，善感的方濟開始了漫長的內心掙扎。這掙扎在一二〇六年達到高峯，甚至惹惱了父親，使父親將他帶到主教跟前，要趕他出家族。方濟的回應是脫去全身衣履，回應主的呼召，效法使徒，過安貧的生活。

方濟在患難中的喜樂與安貧，吸引了許多人跟從他。三年後，一個名叫嘉勒（Clara）的十六歲女孩加入方濟的行列，為方濟會女性修會之肇始（就是後來的貧窮修女會，又名嘉勒隱修會）。這羣滿有喜樂的男男女女，其後成了天主教最大最有影響力的修會之一。

早期方濟會結合了密契式默觀和傳福音的熱忱，很不平凡。研究方濟生平的權威薩巴捷（Paul Sabatier）就方濟的傳道熱心寫道：「他快樂無比，這快樂驅使他與人分享心中喜樂，又願意走到世界各個角落，告訴人獲得這快樂的訣竅。」[17] 方濟懷著熱誠走遍意大利，向埃及的蘇丹傳教，又跑到西班牙服事穆斯林。他的講道精彩動人，信念堅定，愛心洋溢，羣眾對他的反應可以「狂熱」來形容。[18]

方濟的門徒稱為「小弟兄」，奉派到全歐洲以至摩洛哥。他謙稱自己的伙伴為「上帝的戲班」，任務是「復興世人的心，領人進入屬靈喜樂」。[19]

小弟兄不但講道，也會唱歌。他們的喜樂溢於言表，在敬拜中更不時陷入狂喜。方濟是天生的詩人，能夠隨興唱出新詞，其中有著名的《太陽頌》(*Canticle of the Sun*)，以「兄弟姊妹」稱呼日、月、風、海——上帝是一切美事美物的創造者，配得世人歡欣頌讚。

對受造物的熱愛，肯定是這些純樸修士的標誌。他們腳踏實地，熱愛大自然。曾經，方濟與墨瑟奧弟兄(Brother Masseo)在偏僻小村行乞，只得到幾片乾麵包皮。他們繼續前行，在一處水泉旁找到一塊平坦石頭，可作飯桌之用。他們將飲食放好，方濟高呼道:「墨瑟奧弟兄，我們不配得這樣的盛筵啊！」這呼喊方濟說了幾遍，墨瑟奧弟兄按捺不住，不認同眼前的赤貧是甚麼盛筵——枱布、刀叉、碗盤、房間、餐桌，甚麼都沒有！然而方濟不為所動，答道:「這是我眼中的盛筵:這裏沒有一物是你我勞動而得的，所有都是上帝供應——麵包、石枱、清泉！」他們懷著歡欣用膳，飯後繼續他們的法蘭西之旅，「以頌歌讚美主」。[20]

他們的簡淳帶著喜悅與信靠。曾經，方濟招聚了五千名修士在一個平原會面(有點像今日的帳幕大會)，聖道明(St. Dominic)及幾位有頭臉人物到場觀看。方濟講了一篇扣人心弦的道，主旨為修士不要「為飲食或身體所需用的憂慮，倒要……單單專心禱告及讚美上帝，並將一切關乎身體的憂慮卸給基督，因為祂十分關心你們」。

聖道明聽完這話，對眼前這個看似魯莽經營的修會擔心不已，不過很快四鄰鄉鎮的人帶著豐富飲食來到，修士在歡樂中享用了一場盛筵，並稱頌上帝的奇妙供應。聖道明大受感動，甚至謙卑跪到方濟跟前，說:「上帝確然照料這些聖潔的小貧弟兄，而我從前竟不察覺！我自己也要立志踐行福音信仰的安貧之道。」[21]

方濟認識的喜樂，本於對十字架的擁抱，而非從十字架逃離。有一個愉快的故事，提到方濟教導良弟兄（Brother Leo）純全喜樂的真義。曾經，二人在嚴寒雨天中行走，方濟逐一列舉世人覺得帶來喜樂之物事，但都評註道：「純全喜樂不在其中。」良弟兄終於受不了，問道：「奉上帝之名，請你告訴我，純全喜樂在哪裏可找到呢？」方濟開始數算一切最能令人降卑以及克己之事，並每次評註道：「良弟兄啊，請記下，純全喜樂就在其中。」最後，方濟總結說：「基督將諸般恩賜藉聖靈給予祂朋友，但在這一切之上的乃是：能夠為基督之愛勝過自我，甘願忍受患難、羞辱、降卑、艱難。」[22]

方濟展示了守獨身的典範（教會史滿載守獨身的反面教材），而這課題不應輕輕帶過。老實說，對某種簡淳生活而言，守獨身是必須的，以方濟為例，他若非守獨身，就做不到他所成就的事了——耶穌也是一樣。

守獨身不是簡淳生活的必要條件，卻是某些簡淳生活的表達形式的必要條件。人若想效法方濟生活，就不能考慮嫁娶了。若有打算嫁娶的，就不要效法方濟生活了。這是簡單的道理，但總有人未能明白，並在歷史中留下悲劇。

方濟及其羣體認識主的喜樂。純樸的愛與歡欣的信，是他們的標誌。他們快樂地與「物慾至上」及「心懷二意」對著幹。今日我們也需要這種滿有喜樂的簡淳精神。

簡淳的神學根據

宗教改革為簡淳精神提供了重要的神學基礎。馬丁 · 路德（Martin Luther）發現中世紀的累贅傳統削弱了聖經權威，因此高舉一個新原則——唯獨聖經（*sola scriptura*）。路德亦攻訐天主教複雜的善工體制，並倡議另一原則——唯獨恩典（*sola gratia*）。路德又反對靠行為稱義，而高舉憑信心生活的聖經原則——唯獨信心（*sola fide*）。宗教改革的結果，是簡化了教義與生活。

路德如何看簡淳生活，見於他的著述《基督徒的自由》（*The Freedom of a Christian*）。在他眼中再清晰不過的焦點，是福音信仰的自由釋放了我們，讓我們得以懷著單純目標去服事鄰人。拯救既然惟靠恩典，那麼，我們得以與上帝和好，就並非藉著遵行一大堆宗教戒條。換言之，我們不用整天忙著記錄自己的靈命溫度。

我們從罪得釋放，得以服事他人。此前我們服事是為了自己，企求因此與上帝和好；如今我們既從上帝領受宏恩，就能夠將上帝的恩惠分給他人。路德有一段著名的話，表達了箇中的弔詭：「基督徒是萬有的自由主人，不臣服任何人；基督徒是萬有的忠信僕人，臣服萬人。」[23] 我們領受主賜的榮耀自由，是單單藉著上帝恩典，而非藉著任何義行；如路德所言，我們都是主人、君王、祭司，脫離了罪與死的律法。

但這自由並非單為我們自己的益處——也是為叫我們得以服事他人。除非我們是義人，否則難以真心行義——不論我們如何努力。路德說：「義行不會成就義人，義人才會行義；惡行不會造出惡人，惡人才會做出惡行。」[24]

讓我舉個簡單例子。平庸的畫匠可以畫許多畫，卻畫不出傑作。差勁的建築工可以做許多工程，卻不會有佳作。天生有犯罪傾向、與人關係扭曲的人，難以真心愛鄰舍。

捫心自問，相信人皆認同路德的洞見。若仍身在罪的捆綁中，服事動機當然是本於那核心。心眼既不瞭亮專一，就不會有光明。傲慢與恐懼會籠罩一切行動，服事鄰人的心不再單純。我們與人的關係若然扭曲，服事動機也必受影響：我們會渴求引人注意或獲得照顧。人若欠缺主賜的自由，就會不斷以人的標準去衡量自己，難以簡淳的心去參與服事。

上帝恩典臨到，我們生命獲得自由。我們與人關係復和，也能順服上帝。我們順服的心是單純的，亦有了新的力量與動機去服事鄰舍。我們不再受鄰舍轄制，成了「鄰舍的僕人，同時是萬有的主人」。[25] 我們明白了簡淳的真義。路德總結道：「基督徒的生命不僅有自己，也有基督，也有鄰舍，不然就根本不是基督徒。」[26]

加爾文（John Calvin）開拓了關乎政權的神學，影響深遠。路德傾向政教分離，加爾文卻恰恰相反，努力調和二者，藉著義者掌權，嘗試建構一個正義社會秩序。加爾文視基督徒為上帝的工具，藉以改變社會。

這思想側重基督徒在政治上的參與。基督徒必須關心公義與服務社會。一個只顧權貴精英利益、罔顧民眾基本需要的社會秩序，是不能容忍的。基督徒有責任實踐社會公義。這與基督教簡淳精神息息相關。論到政府權柄，加爾文說：「政府管治不應為一己利益，卻應為公眾利益。政府權力不應不受制約，卻應受制於民眾福祉。」[27] 換言之，政權乃是天授，為所有人謀求公義，而基督徒有責任確保政府履行職務。

政權若行公義，基督徒理應稱許；若未能行公義，就須予以譴責。再者，基督徒應該積極投身政權，令公義得以伸張。加爾文身體力行的方式，可能備受爭議，但他所提出的觀點，值得我們深思。

在探究簡淳真義的路上，路德和加爾文是兩盞明燈，點出自由與公義的重要。路德提醒我們在基督裏自由的重要，使我們得以用愛服事鄰人。加爾文提醒我們社會公義的重要，使全人類得以和諧相處。

聆聽與服從

敬虔服從永活基督的聲音，為十七世紀的貴格會（亦稱公誼會）帶來一種滿有活力的簡淳精神。昔日年輕的喬治．福克斯（George Fox, 1624～1691）受不了當世的浮誇奢華，立志尋求上帝，他的轉折點在於聽到一個聲音：「有一個聲音，是基督的聲音，能夠對應你的景況。」[28] 於是從起初開始，貴格會很重視一個信念，就是人可以聽到基督的聲音，並應切實遵行。這種聆聽為早期貴格會人帶來極大的簡淳體驗。

若要以一句話總結早期貴格會的講道信息，應該類似這樣：「基督來了，要親自教導祂的子民。」貴格會深信基督就是預言中那位「像摩西的先知」(申十八15～18)。基督既為先知，足以教導我們上帝的義。我們願意留心，就能聽到祂的聲音。祂的教導與聖經必然一致，因為聖經是耶穌基督教導眾使徒和作先知的之忠實記錄。

我們的先知耶穌基督不但教導，而且賜予我們服從的力量。福克斯認為「上帝確然招聚百姓離開不虔不義，全心歸向基督——祂是聖潔公義者，又是摩西預言上帝將要興起的大先知，祂來了要教導百姓萬事」。福克斯又敦促基督徒用心思量：「你真的相信上帝興起了基督耶穌這位先知嗎？你若相信了，有聽到祂的聲音嗎？」[29]

早期貴格會的簡淳精神，正是源於上述對基督話語的聆聽與服從，因此走出一條與當時代社會習俗迥異的路——例如他們的衣飾，摒棄了當時代崇尚的華麗鋪張，而採納勞動階層衣飾的材料與裝扮。他們又拒絕向貴族脫帽致敬，因為相信眾生平等，應得到同等的尊重。

他們木訥寡言，注重忠實與誠信。常言道，貴格會人的口頭承諾與書面承諾同樣可信。他們無論對農民還是對國王均採用同樣的尊稱。他們拒絕宣誓，因為覺得這是對說真話的雙重標準——他們不需要以發誓來確保自己在說真話，他們「是就說是，不是就說不是」。

他們的簡淳生活，包括了積極對抗社會的不義與壓迫。他們譴責其時剝削窮人的「合謀定價」(price fixing)制度，倡議所有階層物價劃一。他們不遺餘力鞭撻財主肆無忌憚的奢華浪費，因為這令大多數人都成了赤貧。威廉・佩恩（William Penn）在他的書《無十架就無冠冕》（*No Cross, No Crown*）挖苦一事：九成半人在農地日夜辛勞，好讓半成人得以「縱慾與貪食」。[30] 有些財主企圖為自己的奢華開脫，辯稱自己的生活其實是為窮人製造就業，就此福克斯反駁說：「你說你若不穿戴那些衣飾，窮人就沒有掙錢的生計了；那麼，只要你將花在華衣美食及其他可有可無之物的金錢分給窮人，他們就根本不用生產那些東西，也能得到溫飽。」[31]

這些早期的「真理發佈人」（他們如此自稱）以最認真的態度聆聽基督的聲音，並服從祂的話。他們會問：「在我們這世代，該如何踐行忠信度日呢？」他們誠心領受答案。基督透過聖經向他們説話，在專心聆聽者的心田上積極行動；祂的話語尤其在信徒聚集敬拜中大大彰顯。聆聽基督的羣體行動，帶來羣體信念，正如他們的老師應許，祂會賜下合一的心（太十八 18 ～ 20）。

但單單聆聽基督的話是不夠的。早期貴格會還會靜候領受遵從話語的力量。正因為有如此的信念，他們活力旺盛，倚靠主的力量，歡然在全地走動。他們將世上的掙扎稱為「羔羊之戰」，全心相信「上帝的羔羊」會幫助他們勝過一切「當世的虛空、習俗、時尚」。[32] 他們務求在生活大小事上都服從上帝。

今日我們活在一個半真半假、託詞狡辯的世界，難以聆聽並順從基督的話——我們要細究公誼會人的見證。我們身處的文化與他們不同，所以要問自己：對我們來說，忠信生命應如何踐行？但我們在問上述問題之際，要全心期待會有來自基督的答案，並深信會獲得順從基督呼召的力量。

踐行簡淳

論到簡淳精神的體會，例子多不勝數，見於佈道事工、服事窮人、爭取公義。其中約翰．衛斯理（John Wesley）及早期循道會信徒的例子眾所周知。他們生活簡樸，與所傳的福音信仰十分相稱。傳聞衛斯理曾對他的妹妹說：「我不留金錢在手，否則我必受損。我將金錢快快打發掉，不然金錢會闖進我心。」他又告訴眾人，若他死後有人發現他的財產多於十英鎊，就可以稱他為盜賊。[33] 在衛斯理離世前不久，他在日記寫道：「我的遺囑不會有關於遺產的指示，因為我沒有遺產。」[34]

亞斯理（Francis Asbury）被稱為「美國循道會使徒」，一生守獨身，生活維持最低水平，將所有精力用於拓展天國。他的純全委身，見於他前赴美洲航程中的日記：「我正前往哪裏？新世界。我要做甚麼？要得名聲嗎？不！願我心口合一。要得錢財嗎？不！我要為上帝而活，並帶領人做同樣的事。」[35] 在當時循道會的巡迴傳道人中，有類似亞斯理心志的數以千計。

看過布雷納（David Brainerd）日記的人，無不驚詫於他的簡淳人生，並他傳福音給印第安人的專一熱忱。他的生平與信息，恰恰是爭名逐利、奢侈揮霍的相反。

現代宣教運動的先鋒，由始至終的標記，乃是犧牲與簡淳。從威廉．克理（William Carey）到賈艾梅（Amy Carmichael），從耶德遜（Adoniram Judson）到綽特（Lilias Trotter），從戴德生（J. Hudson Taylor）到艾偉黛（Gladys Aylward），從慕拉第（Lottie Moon）到施達德（C. T. Studd），這些人都是簡淳生活的活生生見證。昔日戴德生預備去中國內地傳福音前，早已在操練克己節儉，為求更好服事窮人。他說：「我開始發現，自己其實可以過意想不到的儉樸生活。我戒了牛油、牛奶及其他奢侈品，主食改為燕麥及大米，另加少許變化，就可以用很少金錢滿足身體所需。」戴德生的生活方式令他可將收入三分二作奉獻。他寫道：「我的經驗是：愈少用於自己，愈多用於奉獻，我的快樂愈增，靈魂愈有福氣。」[36]

十九世紀的例子有孫大信（Sadhu Sundar Singh），他將基督信仰體現在印度生活文化中，其果效無人可企及。他穿著印度聖人的黃袍，過著極簡淳的生活，在印度穿川過省，風塵僕僕。他的大鬍子、燦爛笑容、扣人心弦的講道，令許多國家的人也認識了他。他在一九二九年赴西藏傳福音，不料一去音訊全無，估計已為主殉道。

基督徒在扶貧的事工上，也見證了簡淳生活實踐。其中有奧撒南（Antoine Frédéric Ozanam）在二十歲之齡感召一班同學前去服事法國的低下階層民眾。一八三三年，聖文生善會（St. Vincent de Paul Society）成立，支部很快遍佈各國。

同樣在十九世紀，卜維廉（William Booth）在英國創立了救世軍，救助工業革命後的弱勢羣體。他在倫敦最差的貧民窟服事，起初只想將這些淪落潦倒的人帶進教會，不料遭到教會拒絕，甚至要將卜維廉及其跟從者逐出教會。他們因此被迫在街頭舉辦露天聚會，配以響亮的鼓、搖鈴、號角等樂器敬拜。卜維廉的書《極暗倫敦及其出路》（*In Darkest England and the Way Out*）是一本揭露貧民窟經濟、社會、道德狀況的佳作，其中有不少改革建議，包括成立窮人銀行、娼妓收容所、市郊村等。[37]

銳更斯（Robert Raikes）發起主日學運動，給赤貧者在惟一不用工作的一天——主日——提供教育機會。慕勒（George Müller）在英國布里斯托（Bristol）成立孤兒院，全然藉著禱告維持開支，感召不少人投身事奉。佐治．衛良（George Williams）創立基督教青年會（YMCA），為低收入白領階層提供聽福音、社交、運動的機會。

二十世紀的例子，大家立時想到多才多藝的史懷哲（Albert Schweitzer）：新約學者、著名管風琴家、巴哈研究權威，又是有威望的哲學與神學學者。但他卻選擇將成年後的大多數時間，花在法屬非洲殖民地作醫療宣教士。

簡淳精神也是社會公義的推動力量。李文斯頓（David Livingstone）以宣教聞名，但此外許多人認識他，是因為他一生致力廢除他所說的「世所共見的傷口」——販賣非洲黑奴。李文斯頓生活極其簡淳，不論精神上還是物質上，只一心一意為非洲謀求福祉。他認為販賣黑奴的邪惡無以復加，「透支其邪惡，根本不可能」。[38] 他的日記以這樣的話作結：「只要我能夠成為廢除這可詛咒惡行的工具，一切飢寒交迫、患難試煉，我都可以忘懷。」[39]

克拉倫斯．喬丹（Clarence Jordan）為追求社會公義的緣故過簡淳生活，在二十世紀美國留下重要軌迹。他創辦「團契農場」（Koinonia Farm），又是新約《棉花田譯本》（Cotton Patch version）的作者。他有一個外號，名「穿粗衣的神學家」。他曾經歷滋擾、財務杯葛、種族恐怖主義者槍擊，無非因為他挺身而出，為和平、社羣和諧、種族平權而奮鬥。

一九四二年，喬丹在喬治亞州阿梅里克斯城（Americus, Georgia）開設農場，開展他的種族復和實驗；直到一九六九年離世，他一直住在那裏。他的生活體現了簡淳真義。他以基督徒社區體現公義、和平與簡淳，這對我們文化中的效法世界傾向，確是一種挑戰。[40]

今日多了不少本於基督信仰而關注社會公義的團體，比較有名的有首都華盛頓的「寄居者團體」（Sojourners Community），他們定期出版期刊《寄居者》（*Sojourners*）；還有芝加哥的「基督教社區發展聯會」（Christian Community Development Association），代表全美許多致力改變草根階層生活的團體；還有「天主教工人運動」（Catholic Worker Movement），出版期刊《天主教工人》（*The Catholic Worker*）；還有「門諾中央委員會」（Mennonite Central Committee）的「一萬條村計劃」（Ten Thousand Villages），藉著銷售第三世界手作工藝品，改善他們的生活；還有費城（Philadelphia）的「福音派社會行動」（Evangelicals for Social Action），出版期刊《稜鏡》（*Prism*）。這些團體縱有不足之處，但有一樣是肯定的：他們表明了簡淳精神與社會公義息息相關。

滋養靈命文字

要探究基督教會史上對簡淳的踐行，參考文獻是必經之路。就這主題的著述汗牛充棟，包括革利免（Clement）的《財主之拯救》(*The Rich Man's Salvation*)、居普良的《論善行與捐獻》(*On Good Works and Alms Giving*)、《聖耶柔米書信》(*Letters of St. Jerome*)，還有艾哈特(Eckhart)、陶勒(Tauler)、蘇瑟(Suso)的著作。此外就是宗教改革期間的作品、《喬治．福克斯書信》(*Epistles of George Fox*)、威廉．佩恩的《無十架就無冠冕》。當然有不少現代作品也很有見地，例如弗洛蘭(Francis Florand)的《簡淳階梯》(*Stages of Simplicity*)、吉許(Arthur Gish)的《營役之外》(*Beyond the Rat Race*)、西蒙(Arthur Simon)的《多少才夠？》(*How Much Is Enough?*)、賽德(Ronald Sider)的《饑饉世代的富有信徒》(*Rich Christians in an Age of Hunger*)，還有貝里(Wendell Berry)的許多著作。

我選了三位作者具代表性的著作，它們加起來可以闡明教會史上對基督教簡淳的觀點與實踐，包括：薩佛納羅拉的《基督徒生命簡淳之道》、祁克果(Søren Kierkegaard)的《清心志於一事》(*Purity of Heart Is to Will One Thing*)、伍爾曼(John Woolman)的《伍爾曼日記》(*The Journal of John Woolman*)及《為窮人懇求》(*A Plea for the Poor*)。

薩佛納羅拉的《基督徒生命簡淳之道》其實討論美好生命的本質，他要問的是：「使人快樂的究竟是甚麼？」薩佛納羅拉認為在所有受造物中，惟有人類必須苦苦追尋自己在萬有中的適當角色。惟獨我們在尋求意義、目標、快樂。薩佛納羅拉相信，蒙福的人生不在於大眾所以為的官能滿足，或知性滿足，甚或靈性滿足。他認為快樂人生本於上帝恩典，並透過效法耶穌的生命與教導所達致——藉著禱告與愛，建立效法基督的簡淳生命。

薩佛納羅拉隨即用兩個篇章闡明重點：「內在簡淳」與「外在簡淳」。他說：「每個基督徒理應在內心達致完全簡淳。」[41] 甚至大自然也見證一個事實：某物愈是簡單質樸且統合，那物就愈趨完美。在屬靈領域而言，這種內在簡淳見於被釘十架的基督——祂是我們一切感受與夢想的統合力量。

外在簡淳源於上述的內在簡淳——薩佛納羅拉認為，這可見於受造之物：一木一花悅人眼目，因為反映內在的和諧與統合。我們的生命也是一樣，若能進到主的簡淳，外在生命也能反映內在的統合與平安。薩佛納羅拉說：「真基督徒深深傾慕外在簡淳。」又以更強烈的措詞補充說：「不愛外在簡淳的人，活不出基督徒生命。」[42]

不過薩佛納羅拉提醒我們，人人對外在簡淳的領受俱不相同，有些職業需要用到較多物質。再者，要定奪可以捨棄甚麼之前，必須有基本常識（薩佛納羅拉的用語是「審慎」）。他特別提到，為達至「合理狀況」而尋求某些東西，這本身不是錯事——只要內心簡淳，就能分別甚麼東西是合理狀況所需、甚麼東西是不必要的。在這事上的最佳導引，乃是聖經與明辨。薩佛納羅拉最後以兩個篇章作結，一章講財富之險，一章講基督徒生命之樂。

祁克果的《清心志於一事》是內在簡淳的宣言。一邊廂笛卡兒（René Descartes）說「我思，故我在」（I think, therefore I am），另一邊廂祁克果的結論是「我在，故我決」（I am, therefore I must decide）。祁克果謹小慎微地撕掉所有攔阻我們「專注一事」的種種迷思，直到我們彷彿站在三岔口的孤身客——祁克果的書就是獻給「那一位孤身客」，不住催促我們按自己本相一個人進到上帝跟前，在那位置上決定要怎樣度過餘生。可以說，祁克果的書是雅各書信息的詳盡註釋：「你們親近上帝，上帝就必親近你們。有罪的人哪，要潔淨你們的手！心懷二意的人哪，要清潔你們的心！」(雅四 8)

有人誤解了祁克果的書，以為「專注一事」中的「一事」可以是任何事，甚至包括窮兇與極惡(例如希特拉的暴行)，但是祁克果說得很清楚：「那些專注一事的人，若所專注的事並非上帝之善……就並非在專注一事了，而是陷入錯謬、幻覺、蒙騙、自欺之中：自以為專注一事，但心底其實是心懷二意。」[43] 祁克果的道理不難明白——惟獨上帝是整全、足夠、統合萬有事物的那一位；惟獨上帝是一；惟獨上帝包羅美善。人在上帝以外追求任何事，就不是在追求一**事**，而是在追求「許多事，零散的事。他必成為善變的傀儡，腐敗的獵物」！在上帝以外的任何欲求，是不可能獲得滿足的，有這欲求的人「不是心懷二意，而是心懷千意，他的心成了戰場」。[44]

換言之，心靈純潔在於專注上帝——上帝就是善。能夠這樣做，就能夠統合一切，簡化一切。祁克果又警戒我們：為求賞賜而追求美善，並非「專注一事」。基於害怕受罰而追求美善，並非「專注一事」。出於利己意圖而追求美善，並非「專注一事」。半心半意地追求美善，並非「專注一事」。「專注一事」的必備條件，是對良善上帝的全然委身，方為心靈純潔的真義。

祁克果教人認識內在簡淳的重要。就算在尋求上帝，但若動機不純，即使道貌岸然，甚有德行，但其實也是「心懷二意」。祁克果說得明白：要追求心靈純潔，內心就要專一、定焦、整全——這才是基督教簡淳。

《伍爾曼日記》經得起歲月考驗，時至今日仍給奉為靈修經典。許多時與這部日記共同出版的，是他的另一作品《為窮人懇求》，這兩部作品見證了內在簡淳與外在簡淳不可分割，兼且互為因果。論到基督教簡淳所能結出的果子，伍爾曼作品是最佳説明。

伍爾曼先在個人層面踐行簡淳精神。他是個零售商人，是裁縫，也是苗圃園主。他發覺自己「生意愈做愈大，發展機會就在眼前，但開始覺得心中有個意念要我停下來」。他的猶豫並非擔心自己生活會趨向奢華——他多年前已勝過這試探，套用他的話説：「大致而言，我已學會滿足於樸素無華的生活方式了。」

真正的問題有兩重。首先關乎營銷上的妥協：他發現自己售賣的商品，滿足人的虛榮多於真正的需要，這對他而言難以接受。他寫道：「我不大願意售賣那些主要是滿足人心虛榮的物品，我會盡量少做這些生意；真的非做不可時，我發覺自己基督徒生命會受虧損。」[45] 其次亦更重要的是，伍爾曼渴望專注於上帝對他的呼召，不想被任何事「纏累」。結果他削減了生意規模，令自己有更多時間精力參與事奉——這促成了其後貴格會內的廢奴運動，這運動發生在美國獨立革命之前。

伍爾曼的日記滿載奴隸與奴隸主困境的動人描述，具體而清晰地點出貪婪與蓄奴的關係：

> 主上帝……實在恩待眾人，感動他們的心，摒棄對財富的追求，接受謙卑低下的生活水平，從而找到方法去滿足公義標準，因此不但折斷了壓迫的軛，而且認定了主上帝是他們的力量，以及患難境況中的支持。[46]

伍爾曼的《為窮人懇求》切合今日時代所需——他呼籲富足的美國人要顧念窮人需要，並且作出許多實際建議，使我們可以與窮人站在同一陣線——尤其那些「在我們視線以外為我們勞動的人」。[47] 他甚至提議我們偶爾參與勞動，去**感受**一下窮人的艱辛。

在本章我們稍稍進到「聖徒相通」的境界了。我們匆匆看了歷代聖徒的見證，他們懷著忠信與單純的心，盡力與上帝同行。他們的信息清晰，也許可以方濟各．沙肋爵的一句話總結：「在凡事上，追求簡淳就是了。」[48]

實踐

5

內在簡淳：神聖核心

Inward Simplicity: The Divine Center

簡淳是有福的；聰明人在叫人疲憊的虛榮服事中，或可慢慢抓得住的，簡淳的人快快就可抓著。

祁克果（Søren Kierkegaard）

托爾金（J. R. R. Tolkien）的超凡神話故事《精靈寶鑽錄》（*The Silmarillion*）有一段描述，活畫了內在簡淳的成效：「奧力（Aulë）的喜悅與自豪，見於他的作為，還有他的作品，而不是他的財產，或他的熟練技藝——因此他只付出而不囤積，一無所慮，不斷創造新作品。」[1] 這是人與神聖核心（divine Center）和諧互動協作的精彩寫照，與我們日常生活的忙碌抓狂和沮喪，差天共地。

我們東奔西跑，忙這忙那，企圖滿足加諸頭頂的無盡責任。我們在工作事務與家庭責任之間飛馳，在回應配偶或子女的需要之際，又會為拋下工作的要求愧疚不已；但在努力上班時，又恐怕會對不起家人。就算偶爾自覺能夠兼顧公事與家事了，社會與世界的事件及需要，又會不斷向我們招手。試問有誰不想簡化生活呢？

肩負的需索愈來愈多，我們怎樣能夠脫離這捆綁？答案在基督教簡淳的恩典中找到。當簡淳進入生命，生活中的需索就得以整合；簡淳會在適當之處輕輕摘除多出了的枝葉，為靈魂帶來輕省與自由，免得老我習性不斷重現。

在神聖核心的生命

還記得多年前某個二月早上的下雨天，我身在首都華盛頓機場，累得要死，頹然坐在候機室裏。我一如既往，手頭有書可讀，藉以打發時間。我翻開一本從沒讀過的祈里（Thomas Kelly）著作：《內在的光》（*A Testament of Devotion*）。

我讀到祈里一段話，心頭一震，因它道盡我和許多我認識的人的狀況：「老實說，我們感受著許多責任的拉扯，又試圖承擔全部責任。我們因此不快樂、不自在、窘迫、受壓，又害怕會變得淺薄。」[2] 我得承認，這正是我當時的狀況——外面看來滿懷自信，萬事盡在掌握中，但內心其實又累又亂。我繼續讀下去，終於獲得一個帶來盼望與應許的信息：「我們找到曙光了：有個生命之道，是遠比這一切營營役役更豐富更深邃的。這生命不帶催促，滿有寧謐、平安、大能。惟願我們都能快快進入那『核心』（Center）！」[3] 當時我心底覺察到，祈里所說的境界是超越了我所知所識的。請留意，當時的我並非不愛主或不敬虔——恰恰相反，我的問題是太認真、太想做正確之事了，因此覺得必須回應每個事奉的呼喚，畢竟那些都是奉基督之名服事人的大好機會啊！

然後是祈里這句話，在我心中觸發了一場內在革命：「我們見過也認識一些人，他們似乎找到了這個深藏生活中的『核心』——在這核心，一切困擾生命的呼喚都能整合，人能自信地說『可』或『不』。」[4] 這種源於屬天「核心」而說出「可」或「不」的能力，是我前所未聞的！我向來都為一切決定求問上帝，但我實際對人所作的回應，太多時候是基於能否給對方一個好印象。答應別人所求，或承擔事奉職責，總能使我獲得「屬靈」及「捨己」的光環。要說「可」是容易的，我就是沒有能力說「不」——若拒絕別人所求，大家對我會有甚麼看法呢？

我獨自坐著，看著雨水拍打候機室的窗戶。我的眼淚奪眶而出。我坐的地方成了聖地與祭壇。我從此不再一樣。我悄悄求上帝賜我說「不」的能力，在適當且合宜的時刻。

但我回到家裏，很快又陷入一大堆活動中，不過我做了一個決定：此後週五晚一定要留給家人。這在當時不過是個卑微的決定，我也沒有告訴甚麼人。我有告訴家人，但沒有說得很鄭重，只像隨口說說而已；他們不知道那是一個盟約、一個承諾、一個重大的抉擇。老實說，當時我也不知道那決定有多重要，只覺得是應做之事而已，我實在不敢說那是上帝給我的指示。

然後有人打電話給我，是我所屬宗派的一個委員，問我在週五晚可以向某羣體講信息嗎？又是一個大好事奉機會！但我這次回應得很快，幾乎不經大腦：「啊，不，那天不行。」對方反應也很直接：「噢，你有要緊的事嗎？」我立時進退維谷。（那時我還不知道可以理直氣壯地告訴對方：我的確有很要緊的事啊。）記得我很謹慎，同時很決絕地回答：「沒有。」我只說了兩個字，沒有打算砌詞或辯解。對方沉默了好一會兒——我覺得像永遠那麼久——我幾乎感受到他在電話的另一端在質問：「你的委身心志哪裏去了？」我知道這決定會讓他覺得我不夠屬靈，而他是我很在乎的人。然後我們再閒聊幾句就收線了。記得我放下電話筒的一刻，心已經在高喊：「哈利路亞！」因為我順從了我的「核心」！我沾上簡淳的邊緣了，那影響足以燎原。

這件事好像微不足道，幾乎讓我不好意思跟大家分享。我肯定上述委員不會記得有過那麼一通電話了。無論如何，對我來說，那是一個轉捩點。偶爾我會希望找到一件甚麼大事，可以稱為我生命改變的觸發點，但事實並非如此，我的蛻變竟然來自一樁小事啊！可能這也是你的經歷。似乎世間真正重大的事，都是在人生再平凡不過的時刻所作的決定。

我提及發生在機場的一次閱讀，及在家的一通電話，因為這些小事，使我開始明白，回應神聖核心對生命的要求，究竟意為何物。而正正就是這實在（reality），即這個神聖核心，是基督教簡淳的關鍵。隨著我們向神聖核心降服，一切就變得有焦點、有重點。這種降服無非是「大誡命」的吩咐，要我們盡心、盡性、盡意、盡力愛上帝。一位法國修女瑪麗．閨雅（Marie of the Incarnation）在一六二八年寫下：「我的靈漸趨簡淳……在我心靈深處……不斷泛起這些話：『心愛的，我心愛的！我的上帝啊，我讚美祢！』……從那時起，我的靈一直**留在中心的位置**——就是上帝那裏。」[5]

惟願你明白我所說的「源於『核心』的生活」的意思。我所指的當然是上帝，但這上帝不是個抽象的神學概念，甚至不是讓人或敬或畏的對象，也不僅是讓我們或愛慕或順從的對象。以我來說，我自問多年愛上帝，也努力聽從上帝吩咐，但上帝總在我生命的邊緣位置；上帝與基督對我極為重要，卻肯定稱不上是「核心」。我的許多任務與夢想，都與上帝沾不上邊。舉例說，游泳與園藝與上帝有何關係？當年我是夠委身了，但生命未能統合整全。對我來說，事奉上帝是在密密麻麻日程中再添上的職責。

但我漸漸領悟到，上帝不想處於我的生命外圍，祂要成為我的人生經驗的中心。園藝不再是我與上帝關係以外的事了，因為我可以在園藝中發現上帝。游泳不再只是有益的運動，它成為我與上帝相交的機會。在基督裏的上帝，成了我的「核心」。

許多的「我」[6]

你可能會問，上述一切與簡淳有何關係？這樣說吧，在每個人裏面，都有一大羣「我」：膽怯的我、剛強的我、工作的我、育兒的我、信仰的我、文學的我、活力的我。這些「我」都是頑梗的個人主義者，既不肯談判亦不肯妥協，個個都呼喊著要爭取自己的權益。譬如說決定今晚要靜靜地享受蕭邦的古典音樂，工作的我及社關的我會起來抗議，抱怨這是浪費時間；活力的我會來回踱步，焦躁不已；信仰的我會說這是犧牲了研習或傳福音的機會⋯⋯又譬如決定接受社會服務委員會的差事了，社關的我當然雀躍萬分，但其他的我會諸多阻撓！難怪我們總覺得五內翻騰，面面不是人！難怪我們會將日程表塞滿差事，終日忙亂地過忠誠的生活。

但若體會了「核心」的生命，一切都會改變。許多的「我」落入神聖的指揮手中，不再是終日以少數服從多數活著，令佔少數的總是怨聲載道，因為上帝的決定淩駕各個我的小報告。萬事服膺於這新的「核心」的指引。人可以盡情享受一個安靜的黃昏，因為所有的我降服了在上帝跟前。工作的我、信仰的我、活力的我以及其他的我，都能和平共處，因為大家都以順服上帝為生活方針。大家毋須顧念一己利益，因為我們所需的、合宜的美物，都會得到關注，在合宜時間供應，因此我們的生命獲得意想不到的均衡與整合。

除非我們開始這生活方式，否則我們無法理解耶穌的說法：「你們的話，是，就說是；不是，就說不是；若再多說就是出於那惡者。」(太五37)惟有當人生的所有動向由上帝掌控，人的言行才可恪守簡淳精神。以往若獲邀請為弱勢社羣發聲(或教授一個主日學課堂，或接受其他差事)，心中許多的「我」會展開激辯。「當然要做這事啊！」「不過，我現在已經好忙了！」「這需要太大了，而且，很多人會認同我這個決定啊。」「可是也有人會反對呢，如何是好？」「但我可能因此被當局盯上啊，甚至被捕入獄！」許多的「我」會滔滔不絕。我們會在「可」與「不」之間來來回回，猶豫再三，把持不定。我們都曾受教導，知道上帝不是混亂的主，但我們內心陷入了失序狀態。

但當我們的生活源自於神聖核心，思想和抉擇就可本於這「泉源」(Fountainhead)而出。我們還是會考慮所有相關資料，但所作的決定，是本於一個比事實與數字更深渺的源頭——當我們明白了天父的心意，就能滿有信心地說「可」或「不」。就算意見風向轉了，我們也毋須收回決定，因為我們的說法做法，是本於一個更深層的「實在」（Reality），而不是最新的民意調查。

此前我提及上帝本來處於我生命的邊緣，其實準確點說，是我處於上帝生命的邊緣，我才是那個需要走進這「核心」、「正中心」（Core）的人。上帝進入我們裏面是一回事（這當然是首要大事），但我們進入上帝裏面是另一回事——前者的注意力集中在我身上，後者的焦點則是上帝。說上帝進入我們裏面，亦即我們有某程度的自主；但說我們進入上帝裏面，我才是真的**進入**了。祂在一切之中、一切之上，一切皆在乎祂。這斷不是幼稚的泛神主義，好像上帝會受限於祂的創造中；這是奇妙宏大的一神主義，一切生命由上帝維持。這樣的生命，是源自神聖核心的。

論到基督教簡淳，若能將心中的意象從「上帝進入我們裏面」轉為「我們進入上帝裏面」，焦點就會變得清晰很多。「基督在你裏面」無疑是保羅教導的重要主題，但保羅更喜愛且更常用的意象是「我們在基督裏」——就後者而言，基督是我們的參考點（reference point），我們行進的方向是基督：當我們在基督裏，言行就能統合，因為二者皆本於同一源頭。

不息的相交

你可能會問：這樣的生命真有可能？人真能聽到上帝的話，甚至每個決定皆可由祂指示並掌管？人能夠每時每刻都與這宇宙的神聖核心相交？基督真的能夠與祂的子民同在，讓他們聽到祂的話？的確如此！上帝的聲音不難聽見，上帝的言語不難理解。

勞柏赫（Frank Laubach）在宣教與寫作兩方面成就斐然，他的生平是這事實的一大見證。他的日記及講論禱告的著作，滿載他與上帝不息相交的經歷與體驗，譬如他在一九三七年元旦的日記寫道：「上帝啊，願我今年每分鐘都歸祢。願我在醒來後每時每刻都能思念祢……願祢成為我的喉舌，指引我的每字每句。願祢指引我的行為。願我學習祢的一言一語。」[7] 何其精彩的新年願望！三個月後，他記下自己操練與上帝同在的進度：「感謝主……我與祢不斷交談，一天比一天更容易了。我真心相信，我所有心思都能成為與祢交談的時刻。」[8]

無數人因著勞倫斯弟兄（Brother Lawrence）的樸實著作和具深度的生命得到勉勵。他的書《與神同在》（*The Practice of the Presence of God*），大大滋潤了無數心靈，卻是在半推半就下寫出來的。勞倫斯弟兄這些為人所知的話仍洋溢著活力與喜樂：「對我來說，工作時間與禱告時間並無二致；在廚房裏的喧囂中，同時有些人提出各種要求，但上帝悄然與我同在，就像我在聖禮中跪在主前，心裏寧靜無比。」[9] 勞倫斯弟兄的每個想法、決定、行動，都本於這神聖根源（Root）。他是樸實的廚工兼隱修士，謙稱自己是「鍋與鑊之主」，能夠與上帝這神聖核心時刻接通——我們也能夠啊！

但若我們以為這種神聖生活方式唾手可得，就是自欺了。這種人與上帝的不息相交，不是從天而降的。我們必須渴慕它，尋求它，如鹿渴慕活泉那樣渴慕那活水泉源。若要止息這渴，就得編排某種生活的方式，著意選擇令我們可以與天父不息地相交的行動安排。

我發現了一個令人愉悦的途徑，可以通往上述目的地：有助我們每個清醒時刻都能經歷上帝同在的各種禱告方式。這是個十分簡單的點子，就是發掘各種方法，使你時刻想起上帝。你可能說：「這毫無新意，這是很古老很傳統的做法！」你說得對！渴慕與上帝同在，是所有聖徒的祕訣。保羅敦促信徒要「不住地禱告」（帖前五 17），「凡事藉著禱告、祈求，和感謝，將你們所要的告訴上帝」（腓四 6），「因為凡被上帝的靈引導的，都是上帝的兒子」（羅八 14）。這**確實**不是新事，而且無數人可以證明這是實際可行的方法。

你試過一天裏每時每刻都在思念上帝嗎？這不是說你要停止日常活動。不！恰恰相反，要將上帝帶進你的每項日程，在其中注入上帝這真光（Light）。

某個晚上，我做了一個艱難的立志：就是將明天會遇見的每個人，都放在基督的光照中！翌日清晨我鑽出被窩，吃過早餐，走在上班的路上，猛然記起我的早禱中未為家人禱告！於是我逐一將他們放在真光中。然後我趕到辦公室，向我祕書交代日程，轉身離開時，又再發現我忘記了她，於是我馬上祈求主的喜樂充滿她的一天。這時我就發現到自己生命與「不住與上帝相交」有多大的落差！但我也開始醒覺了。在隨後的時刻，我懂得為每個遇見的人禱告了。我祈求明辨的能力，可以看見人的內心；求基督安慰看似憂傷的人，勉勵看似疲累的人，提醒看似冷漠的人。那真是奇妙且快樂的一天，路上有些人甚至轉眼看我，向我微笑，跟我打招呼呢。

我們可在這默默的事奉叫人大大得幫助。我曾在一次委員會會議中，有感動為一個似乎滿心憂慮，甚至怨忿的成員禱告。在一直參與討論期間，我心裏不斷求基督真光照耀這個人。其實會議進行得不大好，她的說話相當尖酸，尤其針對著其中兩個與會者。然而在散會前，那人突然哭起來，對大家說：「你們可以為我禱告嗎？」她道出她的傷痛與憤怒，然後那兩個被她冒犯了的人走到她面前，溫柔地為她祈求醫治釋放。轉眼間，一室彷彿充滿了能力和喜樂。

勞柏赫提到他的一個「計時遊戲」：就是算計在每天的某個鐘頭裏，有多少分鐘是意識到上帝同在的。起初你會發現這操練很難，那些時間少得可憐，但這是沒問題的，因為你的靈命需要操練而已。隨著操練增加，你的習慣會逐漸建立起來。建議你從主日禮拜開始操練吧，那有助你更專注，然後可以將這遊戲延展到一整天的時間。

記得我初看勞柏赫的日記時，看到他在每天日子旁邊有個莫名其妙的標註：「50% 意識……25% 意識……80% 意識」。他沒有作出解釋，我就忖道：「那是意識甚麼呢？」後來我才發現那正是他上述的「計時遊戲」，記錄了他覺得自己每天有多少時間意識到上帝的同在。

我好高興他將這計算稱為遊戲，因它真是一個令人愉快的靈性練習。再者，以輕鬆心態面對這任務也是需要的，不然一切來得太嚴肅，就變得沉悶了。艾哈特（Meister Eckhart）說得好：「若上帝向靈魂笑，靈魂向上帝報以笑，位格就生出來了。」[10] 我們要做的不是苦差，而是令人愉悅的優差。我們參與的是快樂的旅程，而非苦口苦臉的懺悔。上帝不是掃興者。這遊戲讓人對上帝活躍起來，若認識上帝的語言，人會在每個人、每棵樹、每朵花、每樣色彩中都看到上帝。二十世紀日本基督徒社會運動家賀川豐彥（Toyohiko Kagawa）說，每本科學書籍都是來自上帝的書信，告訴我們上帝怎樣管理萬有。

這種試驗的精彩之處，是我們需要專注他者，而非自己，才會做得更好。如果只顧不斷探測自己的靈命溫度，看自己對上帝有多專注，重點就可能錯置了。若我們每時每刻都想將人帶到上帝跟前，豈不是好得多嗎？舉例說，我們走進小學校園，可以悄悄將每個學童帶到基督懷裏；又或坐在巴士的後排時，祈求基督臨到每個登車的乘客。木工、水喉工、電工等等，可為顧客的家居祈求基督真光照耀，並為那家庭的每個成員禱告（若是新的居所，可以為將會入住的人禱告）。超市和零售店的職員可為每個經過收銀台的人禱告，想像他們能夠親近上帝。以我自己的工作為例，我每天要寫許多信，我會在每次簽名時為收信者禱告，想像他們讀信時能夠經歷上帝同在。總言之，類似的試驗，你可以做的多不勝數，而你往往會得到喜出望外的結果。

但更奇妙的事發生在我們心中：我們會益加增添「與耶穌的

好友關係」(套用肯培多馬〔Thomas à Kempis〕的話)。[11] 詩歌《耶穌，我靈好朋友》("Jesus, Lover of My Soul")的說法縱然高妙，但已不足以描述我們的經驗，因為我們正在與上帝同行——祂的意念成了我的意念，祂的愛好成了我的愛好。我們那些又老又醜的意念漸漸消失，代之而起的是如高山清泉的純潔心思。我們會感到有愈來愈多證據，顯示上帝在我們日常生活中作工，直至我們真切經驗到對上帝的確信——而不再是憑書本或牧者來認識上帝。舊有的焦躁與猶豫一掃而空，取而代之的是自在與自信。

在一切內在經驗中，最奧妙的改變，是我們開始認出耶穌的聲音。我們學會辨識耶穌這真牧人的話。在十字架的降卑中，我們益加分辨到聖靈的聲音——於人間的各種喧譁中，甚或從冒充光明天使的撒但謊言之中。我們學會聽從上帝指引。內心的感動，呼應我們的抉擇。事奉的邀請，經受真光的篩選。生命變得簡淳，因為只聽從那一把聲音(Voice)，我們說「可」或說「不」，定奪於心底的「核心」。我們不再東奔西跑，將日程表填得密密麻麻，卻反而可以成就更多。祈里的見證：「本於『核心』的生命並不趕忙，滿有平安與能力。這生命簡淳、寧靜、奇妙、得勝、璀璨。它不佔時間，又佔據我們所有時間。它使人生計劃常新又常勝。」[12]

知足的原則

內在簡淳的一大果效，是從內心湧現一種無法言喻的滿足感。以前那種死纏爛打、爭先恐後的催逼感消失了，代之而起的，是對名譽、地位、財富的「神聖冷感」。生活既能夠源於這奇妙的「核心」，一切掛慮就微不足道了。保羅無疑曾經沉浸於這體驗之中，以致身陷羅馬獄中仍能寫道：「我無論在甚麼景況都可以知足，這是我已經學會了。」(腓四 11) 不論是貧是富，保羅都不以為意。或飽足或飢餓，或豐盛或匱乏，這位胸懷大志的小小猶太人都彷彿漫不經心。他說：「我靠著那加給我力量的，凡事都能做。」(腓四 13) 他也實在言行一致。

有些人「以敬虔為得利的門路」，保羅的回應十分靈巧：「敬虔加上知足的心便是大利。」(提前六 5、6) 保羅一針見血指出，財利不能讓人知足。有人問洛克菲勒 (John D. Rockefeller) 要有多少錢才會心滿意足，他答：「只要再多一點點！」這正是人的問題——總是要多一點點，心總是不能滿足。

簡淳的益處，就是能夠讓人知足。你明白這是何等的自由嗎？擁有知足的心，就是能夠不再爭名逐位，因此不再瘋狂催逼自己。我們可以堅拒那個失去理智的呼喊：「要更多，要更多，要更多啊！」我們可以滿足於上帝的恩惠供應，內心得享安息。

我曾經有一個實實在在的經歷，如今仍然歷歷在目。其時我路過一個高級住宅區，心底想起人們不息的慾望：我想要更大、更好、更豪華的！我羨慕那些房子的同時，察覺內心的貪念在不斷升溫！我開始跟自己對話。我問自己：就算真有能力買更貴價的房子，能不能拋開那購買的慾望呢？即便收入能負擔得起更好的生活，能不能定意只活在某個生活水平，並且安心知足？我的答案是：「可以呀！人毋須不斷渴求更多，**可以**滿足於自己所擁有的，而不去拚命積儹更多呀。」雖然我頗肯定如今仍未擁有一顆完全知足的心，卻也不時能夠體會知足的益處，使我得享真正的自由，並且體會到那是何等美好的安息之所。

試想像從心底湧起的磨人貪念，會為生命帶來何等禍患：令自己債台高築，被迫身兼數職去維持開支；為了住更令人炫目的房子，無必要地搬遷，令家人無緣無故切斷固有的聯繫網絡；總是貪得無厭，永不知足；而最損毀生命的是，擁有名車、大宅、泳池的同時，會很容易忘卻公民責任、城中貧民區的狀況或印度饑饉的民眾。貪婪可以切割掉憐憫的心腸。對此，使徒保羅觀察入微，他告誡人，貪財令人陷在「許多無知有害的私慾裏，叫人沉在敗壞和滅亡中」（提前六9）。

但我們並非必然要被貪婪所困，我們可選擇安穩平靜的生活方式。我們可以與保羅同聲說：「只要有衣有食，就當知足。」（提前六8）

但願我可以高調地結束這關乎「知足」的討論，惟你可能已經知道了，知足並不容易。其中一大難題，是知足的人很容易傾向「淨化」現狀，奉信仰之名接受現況。這是權貴最愛向貧困無助者高談的道理。事實上，不知足的心許多時是推動人求變的動原力。有一種源於上帝的「神聖不安」，可激發重大社會改革。所以我們要學習明辨：心中的不安何時是來自上帝，想我們作出改變，何時是來自自我的貪婪。當然要百分百清楚分別二者是不可能的，但我想分享一些方法，起碼可以將我們導往正確的方向。

其一，可以跟我們覺得有明辨能力的弟兄姊妹分享交流。其二，假若心中的不安源於為一些明顯落入困境的人的苦況而悲痛，很大機會是上帝心意。其三，若關乎自己子女福祉，很多時是正確之事。其四，就算想改善自己景況，也不應假定必然是錯。其五，留意心中的不滿足是否本於缺乏基督所賜的平安。其六，要學習區分真正的心理需要（例如愉悅的環境）與不受制約的妄念。其七，要學會辨明源於上帝大愛的願望與源於貪愛貲財的慾望。其八，要盡心盡意制止本於貪婪的行為。

往上與往內

以上描述的內心整合，是許多人夢寐以求的。我們都厭倦了顧此失彼的承擔，以及勞頓不休的日程。我們渴望凡事向上帝順從，也益發體會惶恐終日不是上帝旨意。我們渴求進入深層的安靜境界，使事奉更統合、更有力。

但僅僅渴望是不夠的，若希望獲得我們受造應有的內在簡淳，就要設法整理自己的生命。我們所做的，不會讓我們得到心裏的簡淳，但它們是個途徑，使我們得以進到能夠體會簡淳的地步。

要操練簡淳，其中一個途徑是靜默的操練。世間有個迷思，以為行動是惟一的正事。唓！為己為人，請你千萬別為了做事而做事，你就停下來好了。好好享受上帝同在吧。好好停駐在基督的光中，靜靜待著吧。開啟靈魂深處的聖所，聆聽上主的聲音（*Kol Yahweh*）。這樣做可帶來焦點、統合、目標；我們可發現寧靜、安穩、堅定的人生方向。

起初我們會有點猶豫，畢竟這是陌生的領域，如巴斯噶(Blaise Pascal)所言：「無盡空間之永恆安靜，教我驚慌不已。」[13] 但只要克服恐懼、平服心情，就會發現基督是喜愛陪伴我們的好朋友。我們的恐懼，其實源於不習慣平定心神罷了。奧思(Wayne Oates)在他的書《在喧嚷心中培養安靜》(*Nurturing Silence in a Noisy Heart*)有這段話：「我的世界不存在安靜。安靜在你的世界裏很可能也是十分陌生的。你我若想在喧嚷的心中出現安靜，就要努力培養它……你**可以**在喧嚷的心中培養安靜，只要你重視安靜，珍惜安靜，熱切地栽種安靜。」[14]

我們心中的確可以擁有神聖的安靜，但必須培養它——而奇迹真會發生。若遇見試探，我們只要在上帝大能中安靜，然後靜看美善興起、邪惡消散。這是奇妙的——休息在上帝裏面，停下一切抓狂的活動，先求上帝的國。

在任何階段，但尤其在初時，我們都要在特定時間和地方去守靜。在我十幾歲時，我會走到車庫後，坐在一堵圍牆上，腳踏著大垃圾桶的蓋子——那就是我安靜的聖所，我學習與天父相交的地方。在一個五月天，勞柏赫在日記寫道：「今天很有成果，但也很勞累，所以我跑到屋後的信號山上與上帝交談，並專心傾聽。那上山及下山的路，並在山上的半個鐘頭，真是美好的時光。」[15] 有人在清晨復現的安靜中親近上帝，有人選擇在深沉的夜中安靜自己，亦有人從日間的忙碌中抽身，進到專心聆聽安靜的片刻。總之我們必須找個時間安靜己心，平靜心裏的不安，默想內住我們心中的全能上帝。

另一個通往內在簡淳的途徑，是配合上帝賜予的生命週期，譬如飲食週期、睡眠週期、工作週期、玩樂週期。人若破壞了這些天授的週期，必然生出禍患。大學生常罔顧睡眠週期，就必嘗到苦果。許多美國人飽受頭痛（及胃灼熱）困擾，無非因為未能配合飲食週期。人生的「限度」是個週期——衰老週期；人若渴求永保青春，將是何其沉重的擔子！另一端，是孩童渴求長大成人並獨立自主！有人因著未夠二十一歲而苦惱，有人卻因為過了二十一歲而苦惱，換言之，任何人任何時候都可以很苦惱！

大部分人只要發現自己行止的週期，就能大得釋放。以我為例，將密集活動時刻與獨處時刻梅花間竹地編排，我會有最佳的表現。當我知道了這規律，日程就盡量作出相應配合。以一定程度投入公眾活動過後，我會開始疲勞過度，而我發現自己早在身體過勞以前，精神上就已過勞了，所以我會小心不讓自己只得一股忙亂的蠻勁，在人羣中看似忙碌卻欠缺生命。我必須效法耶穌定時退省，領受上帝的再造大能。聖經告訴我們，彼得在約帕停留多日，住在硝皮匠西門家裏（徒九 43）。在人生旅途上，我們也需要許多「停留」之地，讓我們可領受天上的嗎哪。

這為我們帶來美妙的自由。如今我花大量時間與人相處，也不會再像以前那樣自責，覺得花在研習及默想的時間不夠；而在安靜反思或放假休息的日子，也不會再像以前那樣內疚，覺得自己又懶惰又無為。我開始明白且重視在人背後的預備時刻，那是上帝裝備祂使者的時刻；我也不再追求公眾注目，因我需要的是在人前消失。

還有邁向簡淳的另一步，就是避免在情感上過度透支。在一個喧囂滿天的年代，要認識情緒的極限。潰瘍、偏頭痛、神經緊張，以及一些其他病徵，都顯示我們精神透支了。人人都會留意不要在財務上透支，但情感上又為何可以透支呢？讓我們棄絕現代人的成功形象：一個永不言休的強人，工作量是同儕的倍數。讓我們扔掉妄念：以為只有自己才可救世！我們要認識情緒的極限，並予以足夠的重視。我們的配偶與子女會感激我們這樣做。

還有甚麼可以做的？有很多呢！譬如可為一個月的活動做個清單，然後分為四類：

- 不可或缺：1
- 重要但非必要：2
- 有用但非必須：3
- 可有可無：4

然後我們要狠心地減去第 3 及第 4 項，並減去第 1 及第 2 項的兩成。我們若太忙碌，無非因為我們**想**自己忙碌。其實可以減去許多活動，而不會嚴重影響我們達到的成效。

我們可以有意識地養成一種有反省能力的生活。我們毋須對大眾傳媒的新聞照單全收，卻應該深刻反思所閱所聞的意義何在。我們要「見木又見林」，並察驗一切事情的始末。今時今日的先知，是那些對時局有觸覺的人，看得見事情的演化方向，並作出價值判斷。我們要努力應對，為「存在」作出「闡釋」（existence clarification）：我們是誰？我們人生的目標何在？我們可以花一整天退修，僅僅反思我們生命的方向。我們不應單單吸收資訊，也要思考背後的含義。曾經有個朋友申請放一年假，他是傑出的哲學工作者，我問他打算做甚麼，他說：「頭三個月我打算甚麼也不做，只是思考。」我們大多數人不可能三個月甚麼也不做，但我們都可以思考。思考是我們能夠做的最困難的事，卻也是最要緊的事。

另一個有助通向內心簡淳的關口，是貫徹遵守確立了的規則。婚約可能是最明顯的例子——想想看，這種委身可以為人省卻了多少難而又難的決定：不用妄圖離婚，不用不斷追尋更好的配偶，因為婚約是個**決定**——要愛對方、珍惜對方，至死方休。財務規則也可以帶來簡淳人生，舉例說，我妻子卡路蓮（Carolynn）和我決定了每月花在娛樂上的預算，這個簡單決定大大減少我們要再行判斷的精神負擔。我也定了接受演講邀請的上限，好讓自己能夠繼續以忠信履行其他的責任。當演講邀請已到達上限，我就會極速婉拒任何「黃金機會」，因我深信上帝對我的呼召就在那上限之內。我也採納了一個有助減少內疚與給予過度承諾的簡單方法，就是**永不**在電話交談中接受演講邀請。通常在收到邀請電話與邀請信之間的日子，我的熱心會被現實擊退。又譬如說，作父親或母親的，若決定在兒女入學前都主力留守家庭，就可免去許多選擇工作的疑慮和猶疑。規則當然不會是完美的，有時也需要打破，但大多數時候的確，規則可以幫人大大省卻抉擇的煩惱。

在所有德行中，簡淳是最吸引人的一個，因它可以帶來內在的統合。芬乃倫（François Fénelon）肯定地說：「啊，這種簡淳何其可親！誰可以賜予我呢？為得到它，我寧可捨棄一切，它是福音信仰的至寶。」[16]

6

內在簡淳：神聖順從

Inward Simplicity: Holy Obedience

神聖順從的果子，是上帝兒女的簡淳。

祈里（Thomas Kelly）

艾略特（T. S. Eliot）談及基督信仰：「一種全然簡淳的狀態/（須付上不少於一切的代價）。」[1] 神聖順從是代價不菲的。它是對上帝的不止息渴求，會叫人只有獲得那顆「重價的珍珠」才感到滿足；又是一個人歡歡喜喜地變賣一切，為要買那塊藏寶之地（譯註：太十三 44～46）。那是亞伯拉罕的順從，願意聽從上主的聲音（*Kol Yahweh*），甚至向親生愛子拿起刀來。那是三個希伯來少年人決定不向異邦的金像屈膝。那是但以理寧可喪命，也不停止向獨一真神禱告。

神聖順從是瞭亮專一的眼，使整個人變得光明；是純潔的心，只追求一事——就是善；是沉醉在上帝裏面的生命，無論富貴貧窮、飢餓飽足、受極刑或得稱譽，都能輕鬆地遵循基督的話去面對。

上一世代的卓越傳道者史考基（W. Graham Scroggie）曾在英國凱斯克大會（Keswick Convention）向大批參加者講道，主題是基督的主權。史考基是非凡的講者，說話鏗鏘有力。會後，史考基看見一個年輕大學生獨坐著，就走到她面前表達關心。她衝口而出：「史考基博士，你的信息很有力，但我不敢以基督為主，因我害怕，不知道祂會要求我甚麼！」史考基靈巧地翻開他那殘舊的聖經，找到彼得在約帕的事迹，談到上帝提醒彼得不可按人的種族或文化作出差別對待。上帝三次讓彼得看見有一物降下，好像一塊大布，繫著四角縋在地上，裏面有各樣猶太人傳統看為不潔的動物，並對他說：「彼得，起來，宰了吃！」彼得三次都回應說：「主啊，這是不可的！」史考基對那個女學生柔聲說：「你知道嗎，你可以單單說『主啊』，也可以單單說『這是不可的』，但千萬不要將二者連在一起說。我會放下我的聖經，還有這支筆，到別的房間去為你禱告，我想你用筆劃去『主啊』或『這是不可的』。」史考基說完就走。他禱告了一會兒，覺得女學生作出抉擇了，就回到場館，看見女學生在飲泣，她劃去了「這是不可的」。女學生喃喃道：「祂是主。祂是主。祂是主。」這就是神聖順從。

往深處去

面對神聖順從這課題，我們須有更精確更具體的闡釋，否則會淪為滿口虔誠的空話，而那些空話對我們的實際生活毫無影響。艾哈特（Meister Eckhart）說：「很多人跟隨主耶穌到半途，但沒有走到終點。他們願意捨棄財產、朋友、名譽，但要捨棄自我，就太困難了。」[2] 我們若能越過上述的中點線，進到下半段路，會發現我們已踏進神聖順從的領域了。甘心樂意、心懷喜樂地捨棄自己就是下半段路，可惜我們太多人望而卻步。耶穌説：「若有人要跟從我，就當捨己，背起他的十字架來跟從我。」(可八34)捨己是個嚴苛的要求，我們會想要撫慰心靈的「自我滿足」及「自我實現」! 捨己使人聯想到乞憐與厭惡自己，我們滿以為捨己是嫌棄自己的代名詞，會導致各種令自己受苦的行徑。

如此，我們便會錯失了一個奧妙的弔詭：原來真正的自我滿足，只能通過捨己達致，此外再無別途。為了滿足自我而追求自我滿足，是一條必然迷失的路。「得著生命的，將要失喪生命；為我失喪生命的，將要得著生命。」(太十39)

為永恆的上帝失喪生命，這是美妙的。我們給投進了比我們這渺小存在要大得太多而又更真實的。強烈的上帝意識(God-consciousness)使我們脱離自我意識的囿限。這是自由。這是喜樂。這是生命。

這對真正的簡淳生命是至為重要的，惟有它讓我們以他者的益處為先，令我們脱離自憐，願意去關顧而不再汲汲於表現自我的形象，亦不再為別人的評論而介懷。

論到「無私」與「簡淳」的關係，沒有任何作者比十七世紀的康布雷(Cambrai)大主教芬乃倫(François Fénelon)更有熱忱與見地了。他細膩入微的小書《基督徒的完全》(*Christian Perfection*)描述了三個階段，是我們通向不再看到自己的簡淳生命之驛站。

第一站是脫離對物質或外在事物的「沉醉」，轉而留意靈性的事，尤其是內心的狀況。我們不再為外在淺薄之事感到目眩。奪目的建築、龐大的預算、耀眼的計劃……不再打動我們的心。我們不再倚仗外在的人間體制去成就上帝的工。我們的注意力放在關乎內心工作的聖靈之上。我們留意上帝如何在人心中作工。這是美好而健康的一步，不過始終還是非常自我中心，與真正的簡淳精神相距甚遠。「這是一種明智的自愛，企求脫離對外物的沉醉。」[3]

在第二站，我們漸漸不再以自我為中心，只顧念自己的永恆終局，而轉到學會敬畏上帝。這是進步，但是正如芬乃倫指出，這不過是「真正智慧的蹩腳起步」，皆因我們「仍舊囿於自我之中」。[4] 在這階段，僅僅敬畏上帝是不夠的，我們還要**確定**自己是敬畏上帝的。我們要怕自己不敬畏上帝（we fear not-fearing）。我們以一種屬靈的嚴謹決意順從上帝，不時省視自己的行為，察看有甚麼驕傲或貪婪的迹象。我們渴求謙卑，為此盡意盡力。我們對心中的罪十分敏銳，對保羅的說法感同身受——不論看到別人做了甚麼錯事，仍然在心底切實覺得「在罪人中我是個罪魁」（提前一 15）。

人在這階段是老實而誠懇的，但仍未到簡淳的境界。芬乃倫認為「誠懇是德行，卻不及簡淳」。[5] 其理由顯而易見：誠懇者極在乎坦白與真實——正直、忠誠、盡責、純全，這都是誠懇的標記。雖然這都是可貴的德行，但總脫不了或多或少的自我意識：做正確的事，做正確的人，有正確的外觀。論到誠懇者，芬乃倫說：「他們經常檢查自己，細察所有的說話與思想，反思所有的行為，擔心說得太多，或做得太多。」[6]

誠懇者未達簡淳之境。他們有一點造作，令人覺得不自在，雖然又不能說這種美德不好。他們令人提心吊膽，如坐針氈，因為他們看來好屬靈，事事求問上帝心意，令人懷疑自己所以不自在，是否反映了自己對上帝及上帝的事太冷淡了？然而事實是，虔誠的他們的想法做法都太著力了，失卻了內在簡淳的三個標記：自在、自由、自然。我們寧可與較不完全的人共處，因為較不完全的人比較懂得放過自己。

但人不可以蔑視靈程路上的這一站。可以說，這一站是走向上帝的必經之路。基督徒羣體須有足夠的恩惠與接納，容讓弟兄姊妹來到這一站，兼且不要催促他們太快離開。經歷過簡淳大愛的人，常會在自己（或別人）還沒預備好之時，就逼令自己（或別人）離開這一站，這是大錯特錯的。傳道書作者說得好，在日光之下凡事都有定期，萬事萬務都有定時，而內心交戰與懺悔也必有其時。時間對了，細察內省所得會滋養心靈。內在的掙扎與嚴謹察驗，都有它們的必要。勞倫斯弟兄（Brother Lawrence）的天人交戰，就有十年之久。[7]

人在這站不宜匆匆走過，卻也不要停駐太久，以致不願離開，因我們是客旅，必須繼續上路。驛站不是定居的地方。天國子民難免內心交戰，這是無可避免的（參來四章），但上帝既展示了更純全的東西，我們就要快快追隨，切莫浪費光陰，不斷回望。

繼續前行，上帝會領我們進到第三站。我們的注意力會益加停駐在神聖核心之中。「開始顧念上帝多於顧念自己，更多忘卻自己，關注上帝，多了愛，少了私慾。」[8]

請注意這決非毀滅自我，或將自我滅沒在「宇宙意識」中。這是發現自我之道，透過注視那位創造自我的主來達成。這是捨棄自我——為了發現自我。惟有這樣做，真我才可茁壯成長。

第三站是美妙而超凡的德行，是簡淳的自然魅力與極致。我們敬佩抵達此站的人，樂與他們交往。他們的行為沒有矯飾，他們的義不會令人難受。

你嘗過這源於簡淳的嶄新自由嗎？你不再整天想著自己；你會自在卻深切地顧念他人的需要。最妙不可言的是，我們可以放下重擔——不再介意別人的想法。芬乃倫形容道：「有了這顆純全的心，就不再受別人的評價困擾——除非是出於愛，不願對方情緒受影響。」[9] 我們**毋須**受愛戴。我們**毋須**獲取成就。不論是寂寂無聞，或譽滿天下，同樣甘之如飴。

我們也獲得了不尋常的自由，能夠自然且合宜地談論自己。這自由「不尋常」，因為很多人都認為，不以自我為中心的人不會談論自己。這取態屬於一個較早的時段，其時我們假冒謙卑，致力扼殺任何驕傲的苗頭。我們都害怕自己說得太多，只要在談話中脫口提及自己，就擔心是出於虛榮。因此定意不談論自己，無論自己的成或敗，免得成為眾人的焦點。許多時候這可以是好建議，但這實在是一種繃得太緊的謙卑，與簡淳的精神大相徑庭。當我們抵達第三站，就開始變得自在，能夠坦然地談論自己，正如能夠坦然地談論別人。芬乃倫說：「簡淳就是脫去錯置的羞恥，或虛假的謙和。」[10]

使徒保羅十分認識這自由。只要是有需要，他會表明自己的羅馬公民身分或希伯來人背景。他也會誇耀自己為基督受了諸般苦楚：被毆打、被石頭打、遇船難、睡不成眠、捱飢抵渴（林後十一 24～29）。他從基督領受使徒身分，也直接從基督受教；他甚至責備彼得的狹隘猶太思想（加一～二章）。他自由自在到一個地步，斗膽勸勉信徒：「你們該效法我，像我效法基督一樣。」（林前十一 1）

這是我們大多數人說不出口的壯語。若出於我們的口，這些話不啻狂傲之巔。不過保羅早已勝過自吹自擂的試探。上帝在背後悄悄預備保羅的心志，完全改變了他。保羅已經摒棄人間妄自尊大的體制——除非我們明白這個，否則難以理解保羅所講的話及所過的生活。保羅提到已將萬事看作「糞土」，因為已經得著上帝這更大的能力。若我們仍在拚命追求那些「糞土」，就可以肯定自己對基督「復活的大能」、與基督同受苦難、效法基督的死（腓三 10），所知甚少。保羅深知「從自我得釋放」是甚麼意思，今日我們何其需要這種釋放！

歷來總有各樣傳統以不同方式建議在言語上貶抑自己，為求制伏心中的傲慢，例子有一些中世紀的苦修行為，但今天也不乏代表——我有時會稱之為「可憐蟲神學」：「沒有上帝，我就甚麼也不是！我一無是處！我是可憐蟲！」這些說法不論在神學上有何價值，但在現實中我懷疑根本難以使人益發虛己。芬乃倫的說法大有智慧：「自愛（self-love）是寧可受傷，也不願被人遺忘；寧願受傷，也不想沉默。」[11] 沉默，可能是對付自愛的最好方法。

簡淳者可以自在地接受合宜的稱賞。記得在一次朋友聚會中有人真誠地讚我，我的臉刷地紅了，笨拙地顧左右而言他，只想謙虛地否認。另一個觀察力強的朋友直望我雙眼，說：「傅士德，你不懂得接受讚賞啊，是不是？」那經歷成了我的轉捩點。原來出於誠心而別無他意的讚賞，是理應誠心接受的。我無權拒絕別人向我付出愛的禮物，使對方難受。其後上帝釋放了我，那真是令人愉快的自由。

閱讀至此，你可能有了錯誤的印象，以為這是一條不斷向前的康莊大道。甚至我用「階段」二字，也使你腦海中出現了「階梯」的圖畫，以為就是拾級而上，永不回落。但這不是我的經驗；現實充滿高低起伏，今天可能覺得與基督同在美妙無比，明天可能落入「絕望泥沼」（Slough of Despond；譯註：「絕望泥沼」是名著《天路歷程》中的著名意象）之中。我可以此刻謙卑順服，頃刻間變得頑梗悖逆。很多靈修大師都記錄過類似的經驗。所謂階段不是一成不變的，而是來來回回、上上落落的過程。

但這亦非一趟「過山車」旅程，因為過程中會覺得有進展、有成長。起初斷斷續續的相交，漸漸化為持續不斷的契合。此前尋求上帝的面很難，其後不尋求上帝的面才是難事。過程雖有高低起伏，但慢慢地同時又可以肯定的是，你會經歷到，認識上帝不是責任，而是喜悅。我們對上帝微聲（the holy Whisper）的留心無疑經常都不足夠，但會愈來愈是注意。我們在曠野的飄流，愈來愈不會擊潰我們，因為已經嘗到應許之地的甜蜜，令我們愈來愈渴慕。我們可能仍會過著心懷二意的生活，但會愈來愈專一，愈發專注自己心所愛的。我們讀到指導著我們的芬乃倫的話，自然而然生發渴慕的心：「當我們獲得這內在簡淳，整個外觀會變得坦蕩且自然。這種真正的簡淳……令人覺察到某種坦誠、溫柔、純真、愉悅、平靜，在純潔的人眼中細看，是奧妙又奧妙的事。」[12]

喜樂為記

這一切聽來很難嗎？也許你在自忖：「我滿以為去到第一階段已經不錯了，如今才知那是最低的一級！太辛苦了！」這辛苦嗎？不盡然。我們踏進這一站，會發現上帝幫助了我們，且背負了我們的重擔。耶穌說祂的軛是容易的，祂的擔子是輕省的，上帝不會撇下我們不顧，祂會不斷施恩。

這不是人能夠藉著咬緊牙關、立定心志，就能成就之事。我們的確有事要做，但做這些事不過是與那位引領我們的上帝同行，而非獨自去拓荒。我們要學習的是降服，在生活中回應上帝。芬乃倫說：「人愈是馴服，愈能讓自己被拖帶而不抵抗甚至遲疑，就愈能在簡淳的路上進發。」[13]

我常接觸一些真誠又熱心的人，他們定意尋求上帝，有時我會勸他們放鬆心情，不要敬虔過度。記得我在大學任教的日子，有個學生滿心掙扎，拚命為某件事禱告不息。我對他說了一段話，使他震懾不已：「你不要再禱告了！你為這事想得太多了，讓我為你禱告吧。」不過寥寥數語，卻為他帶來了奇妙的釋放。

神聖順從的標記是喜樂，不是意志。我們要放開心懷，別將自己看得太重要。這是面對自我與驕傲的快樂抗爭。我們要做的是興奮、輕鬆、愜意的事。向上帝全然降服，是甘心樂意的喜事。所以我勸你要快樂地向上帝降服，千萬不要太煞有介事。要保持輕鬆愉快的態度。

古往今來的聖徒，都抱如此的態度。以聖方濟（St. Francis of Assisi）為例，這個來自亞西西的貧窮修士，終日沉醉在上帝大愛中，滿有狂喜。其實早期方濟會士的神聖順從，都帶著非凡的活力，喜樂地捨身。他們滿有上帝恩寵，歡欣地專注於上帝。諾里奇的猶利安（Julian of Norwich）在她的傑作《上帝愛的啟示》（*Revelations of Divine Love*）提到，她「滿有大大的愉悅與安穩，甚至不再害怕，不再憂傷，不再疼痛——包括身體及靈魂的痛，不再受任何困擾」。[14] 巴斯噶（Blaise Pascal）寫道：「確據。確據。感覺。喜樂。平安。忘卻世界及其一切，除了上帝……喜樂，喜樂，喜樂，喜樂的眼淚。」[15] 除了上述幾位，還有數不清的見證人。

你當然也知道，他們所說的喜樂，並非像當今社會所炫耀那種可笑、淺薄、空洞的愉悅。非也！這是一種深沉內斂的喜樂，塑於苦難哀愁之火——從十字架而來的喜樂、因十字架而得的喜樂。

謙卑之始

綜觀所有神學上的德行，謙卑是極受歡迎的一項。無人喜歡與自高自大的人同處一室。自吹自擂，不可一世，總是惹人嫌厭。另一邊廂，真正的謙卑，不但令人喜愛親近，而且使人如沐春風。真正的謙卑，毫無矯揉造作的成分，人人都會稱賞。

人人追求謙卑，但謙卑委實難求。眾所周知，謙卑並非求就能得——愈去追尋，謙卑就離開愈遠；愈覺得已經掌握謙卑之法，就愈證明對此其實一無所知。不過謙卑可以成為生活習性，而神聖順從就能開啟謙卑之門。上帝恩典的核心，就是使人謙卑，*這箇中道理不難明白：當滿眼都是上帝，小我就難躋身其中。內心常被上帝意識充滿，自我意識就無棲身之地。祈里說：「謙卑源於一種神聖之蒙蔽（Holy blindedness），正如定睛看著太陽，視線就會被蒙蔽，就算轉眼看地上其他事物，也只會看到太陽的殘像。被上帝蒙蔽的靈魂，看不到自我、自己的貶損、自己的卓越，只看到上帝的旨意。」[16]

這對基督徒是大好信息。我們一再渴求脫離自負與狂傲。我們因得不到注視，承受不必要的痛苦。我們吹噓自己，無非想得半點關注，其後卻又痛恨自己貪慕虛榮！我們羨慕別人的謙卑，更渴望經歷箇中的自在與自由。我們何其渴想順從聖經教導，以基督的心為心，祂雖是上帝的兒子，卻不堅持自己與上帝同等，「反倒虛己，取了奴僕的形像⋯⋯既有人的樣子，就自己卑微，存心順服，以至於死，且死在十字架上」（腓二 7～8）。

看到謙卑與順服的微妙關係了？耶穌「自己卑微，存心順

* 在《靈命操練禮讚》我提及上帝藉著我們操練「服事」，可使我們謙卑。服事當然是神聖順從的自然流露。這再次顯明了各項靈命操練之間的唇齒相依關係。

服」，通往謙卑之路，乃是藉著神聖順從。蒙上帝充滿的心靈，只有一個目標、一個方向、一個渴望。上帝不是我們視野中的某個觀看對象，時而模糊，時而清晰的；祂本身**就是**我們的視界（He *is* our vision）。眼睛若瞭亮專一，全身就光明。自私並無立錐之地。

起步式

你可能覺得上述生活方式距離你的實際經驗十萬八千里。你覺得身在外圍，是圈外人，甚至是百分百的局外人——我可能説得太滿了，但就算你的確如此，也毋須沮喪。你想邁進神聖順從之境，毋須身處聖徒的行列。你甚至不用知道一切的疑難與隱患。你只需要：渴求認識上帝，並與上帝同行。就算未曾渴慕上帝，只是盼望有這渴慕，你也可以向上帝祈求，祂會賜你這渴慕。我甚至可以大膽斷言：你既會翻開我這本書閱讀，已足證你夠渴慕上帝了！而上帝亦會開始動工，賜你神聖順從的恩典。

神聖順從並非從天而降的。我們可以嘗試幾個方法，幫自己邁進那地步。以下我會講一些「起步式」——這些不過是建議的努力方向，而非旅途上的金科玉律，祂當會為你量體裁衣，譬如祂可能會提醒你有些建議可以完全不理，也有可能再為你量身打造一些我沒有提及的建議。重要的是，你要留心聽上帝給你的教導——不論是否藉著我的話。

我想給你的第一步，不關乎你要做甚麼，卻關乎你不要做甚麼。簡言之，你不要嘗試減少自我中心。這種努力是徒然的。我們愈是努力想不關注自己，反而會變得愈關注自己。那麼我們該做甚麼？甚麼也不要做！順其自然。這樣就不會引發更多正面交鋒。相反，愈專注某疑難，只會愈增添那疑難的威力。船到橋頭自然直，惟我們要先忘卻它，將注意力放在別的地方。

第二步頗像第一步——同樣不是行動方案，卻是提醒我們的視野要更聚焦。我們要操練自己「**先**求上帝的國」。這個焦點必須高於任何事。我們決不可讓任何事，無論是行止或願望，佔據核心位置。世界財富的再分配並非核心；環保議題並非核心；避開營役生活並非核心；渴求簡淳並非核心。任何上述事若成了核心，就同時成了偶像。只有一事是核心：上帝的國。而當上帝的國處於核心了，財富的公平分配、環保議題、貧窮、簡淳以至萬事，都會得著合宜的關注。

就著這節經文，祁克果（Søren Kierkegaard）有很獨到的註釋。他思想應該做甚麼去求上帝的國：應該找份合適的差事，產生好的影響嗎？他的答案是「非也，應該**先**求上帝的國」。應該捐出所有財產，去餵飽窮人嗎？他的答案又是「非也，應該**先**求上帝的國」。那麼我們是否應該將這信息傳遍天下，勸世人先求上帝的國？不料他的答案還是「非也，應該**先**求上帝的國」。祁克果總結說：「那麼，可以說，我不應該做任何事。對呀，可以說是不應該做任何事，在上帝跟前成為無物，學習沉默，而這沉默是個開始——**先**求上帝的國。」[17]

因此我勸你要擱下一切並非本於天國的行動。要安靜、閉嘴、一動不動，直到找到核心。要撇棄多餘的包袱，非必要的網羅，直到獲得天國的現實。要扔掉一切令你分心之事，直到你被逼進到核心。要容讓上帝重整優次，刪去一切瑣事。加爾各答的德蘭修女（Mother Teresa of Calcutta）說：「請為我禱告，使我那雙緊握著耶穌的手不會鬆開，即使我在服事窮苦大眾之際。」[18] 這是首要的任務：緊握耶穌的手，堅持不懈，因為我們不得不緊隨祂的帶領，去先求祂的國。

第三步很簡單，我甚至不好意思提起，但卻是重要一步，我必須告訴你。要開始在一切事上服從上帝。就在你身處的境地開始，就在你面對的一切差事中開始。不要等到將來有更多時間或更多知識才開始。羅馬巡撫腓力斯說等他「有機會時」（譯註：徒二十四 25；參《和合本修訂版》）才再聽保羅講道，但我們都知道世間沒有所謂的「有機會時」。希伯來書作者說：「你們今日若聽他的話，就不可硬著心」（來三 7～8）。此刻你讀到這些話了，就向主求賜更多基督之光吧，要求賜上帝的榮光顯現（*Shekinah*），這榮光曾經充滿施恩座，願這榮光也充滿你的心。在你每日所做的一切事上，祈求可以全然降服，聆聽主的話，向主順服。

容我跟你分享一件小事吧，也許可以說明我的意思。這事發生在某個忙碌的日子，我在週末要去三家禮拜堂講道，事前的安排是每家禮拜堂都會在我講道後代收奉獻。但我為週末的事奉默想，一個強烈的感動出現：我不可收受這些禮拜堂的任何款項。為這感動我掙扎了很久，因為我剛需要金錢去支付幾項開支。再下來，這掙扎映出了我心底的貪婪——我以為早已將貪婪逐出我心了！猶幸最後我很清楚必須按感動行事，因為我要順服上帝。我跟妻子分享此事，因為我覺得在這事上我和她的想法要一致。妻子比我決絕得多了，而且補上一句說，也許在聽眾中有人需要知道一事：基督的使者並非時刻想著會眾的錢袋。

我告訴了頭兩家禮拜堂的牧者，講道後所有奉獻請用作賙濟窮人或其他用途，總之不要給我。他們雖然對我這不尋常的提議有點驚訝，卻也同意了我的做法。輪到第三家禮拜堂，因為我在聚會差不多開始時才抵達，所以未能提出我的建議，不過教我鬆一口氣的是，他們根本沒有收奉獻的環節，所以我以為事情就此解決了。

其後我回到接待我的人家裏，時間已不早，才剛進門，家主將一張支票交給我，我看看銀碼，那對我來說是鉅額，原來是第三家禮拜堂給我的奉獻。我拒不接受，但他們以為我客氣而已，再三要我收下，我拗他們不過，就收下了。

但願我能向你道出我當晚的感受。牀頭几上放著一張支票，那是給我的嘛，我不想冒犯人家，說我不懂得禮數；畢竟，那筆錢已經給我了。也許第三家禮拜堂與頭兩家禮拜堂有分別呢……但起初那感動呢？**實在**再清楚不過啊！我反覆思量，終於決定接受那筆錢，免得節外生枝，不過我也決定了明天早上待我休息過後再作決定，睡前我祈求上帝再給我指引。

翌晨我睜開眼睛，馬上有了答案：我斷不能接受那筆錢！我再花時間默想，印證了這想法。我惶恐萬分地向家主解釋我因何不能接受他們的奉獻。我的話音剛落，一股說不出的喜樂當即湧出。我外面看似平靜，內裏卻迸發極大的榮光。我獨個兒進到車子，難禁歡呼歌唱讚美主！我沒有被金錢轄制啊！我能夠順服主啊！我實在高興得很，雖然那極大的興奮不過是約二十分鐘的事，但那深刻而溫暖的喜樂包圍著我整天之久。（更開心的是，我其後聽聞那家禮拜堂將那筆奉獻用於支持柬埔寨的難民事工。）

這不過一件小事，但順從是重點。你也可以按你所得的亮光去順從上帝，就在今日，就在此刻。

關乎順從的第四項建議是：快快起來，堅持不懈——即使你失足跌倒。你必須明白一事，你一**定**會跌倒。我分享了一個得勝經歷，卻也可以分享更多的失敗經歷，就是我頑固的私慾，如何抵擋上帝溫柔的微聲：我就是不願意聽祂的聲音，不想接受苦口良藥；漠視祂的感動叫我去探訪一個鄰人，寫一封信……

就算是失敗了，也毋須花太多時間懷憂喪志。只要認罪，振作，盡快重新開始。就算是得勝了，也不要留在戰場上緬懷太久。神聖順從的精義，不在乎昨天或今早的成敗，而在乎**此刻**是否順服。**此刻**天堂之光是否蓋過世上一切光芒？**此刻**眼睛是否瞭亮專一、是否全人活在簡淳中？

第五個建議，是除去一切關於自己或他人的妄談。我指的不是閒話，因我相信你早已戒除這惡習。我指的是不顯眼的彼此吹噓——假惺惺的過譽，不為鼓勵對方，只為籠絡對方。這些話很少人覺得是撒謊，但確實是謊話。耶穌提過天國兒女說話方式是真誠而坦蕩的（太五 33 ～ 37），吹噓與這方式差天共地。按我經驗，言過其實對建立真誠融洽關係是沒有幫助的，反而使真心追求謙卑的弟兄姊妹困擾，因為不知道該如何應付我們對他們的熱情吹噓。

我曾在一個公開聚會中稱讚一位牧師朋友，是「我所認識最能幹最慈悲的牧者」。其後這好友向我表示不同意這說法，說他不覺得自己的事奉怎樣顯出了慈悲。他的話令我明白了真心稱讚與假意吹噓的分別。稱讚是肯定已有之事，或即將發生之事；吹噓卻是一種貶損，因為說的不是實話。

留意自己的言談，是就說是，不作不實的誇飾，這對我們會大有助益。合宜的讚美，可以成為特別的祝福，但也要說得合乎體統。

我要講的第六個建議，很多人覺得尤其有用，就是撰寫靈程日記，作用如紀念冊那樣，像個人的「以便以謝」，道出：「到如今耶和華都幫助我們。」（撒上七 12）

日記很有勉勵作用，因為我們常常會忘記上帝的作為：祂曾多番將我們從自我中心的深淵救拔出來。我們容易糾結於眼前的爭鬧，看不見此刻為之掙扎的問題是更有意義和更重大的。原來往昔很多事情已解決了，已過去了。

再者，日記有助我們聚焦，疏理紛亂的思想。列出關心的事項，可以釐清頭緒，誠實面對自己。譬如說，將自我中心的禱告寫出來，會更容易看出它的自我中心。將腦際若隱若現的意念記下，有時會變成清晰細緻的圖畫。猶豫不決的想法，可以化為前進的號令。

亦有人互相分享日記心得，從而得著鼓勵與守望。無人可以單靠自己去活出神聖順從的生命，我們需要弟兄姊妹的幫助與勉勵，還有督責與指正。

今日世界有太多事，需要我們的小小生命去關注。鄰舍的寂寞，婚姻的瀕危，不義的氾濫，饑饉成災……我們被拉扯、被推壓、被撕裂。我們毋須急於行動，免得變成了一種心懷二意的順服。我們的眼睛只要停駐在上帝的火燄上，心無旁騖，就能夠定意在神聖順從中行事。

7

外在簡淳：起步

Outward Simplicity: Beginning Steps

有兩個達致「足夠」的方法：其一，不斷又不斷地積聚。其二，減少所欲。

柴斯特頓（G. K. Chesterton）

個人財務是現代社會的新禁忌，不容公開談論。曾經我們害怕公開談論性事，如今不是了，今人炫耀這新發現的自由，就像少年剛學會抽菸的模樣。後來的禁忌話題是死亡，人人不會宣之於口；但那樣的日子也過去了，今談論死亡的講座多不勝數，且有無數書本影片教你好好面對死亡。老人學已經成為今時代的顯學。

今時代的大禁忌是個人財務。怎樣花錢是私事，無人管得著。我們強烈反對公開談論如此私人的題目。按照美國法律，公職人員必須公開私產，但他們總有辦法迴避。講壇上若提及基督徒應有的生活方式或對窮人的責任，會被視為對個人私隱的冒犯。個人財務不容他人置喙。怎樣維持收支平衡，有多少張信用卡，都是我們的私事。

今時代有個異端邪說在美國大行其道，是不容挑戰、卻又未經驗證的：我們掙來的每分錢，都是屬於我們的，我們喜歡怎樣花，就怎樣花。怎樣花費是人的自由。假設我們接受教會的十一奉獻教義，也不過表明教會無權過問其餘的十分之九罷了。

這是何等的自我中心、自以為是！人決不可能歪曲聖經去支持這種想法。生活方式**並非**私事。我們決難任讓大家用自以為正確的方式去行事。福音信仰對我們有所要求：人人理應互相幫助，並在現今的豐裕中，探索基督教簡淳的踐行之道。我們要彼此相愛，以致承擔互相督責的共同責任。我們都是弟兄姊妹的看守者。

具體而非教條

要在日常生活為簡淳下定義，是巨大而困難的課題，因為那已離開了「詮釋」的領域，踏進「應用」的領域了，這就難免要冒險。問題不再是「聖經說了甚麼」，而是「聖經**對我們**說了甚麼」，當然本書一直都有探討上述第二個問題，只是如今終於要直接解答而已。不過在起步前，容我向你展示一些基礎原則。

其一，這探討必須具體，但卻不要落入教條的陷阱。在這方面，我的失敗體會可能無人能及！我深切明白如列出簡淳行止的明確清單，這舉動會有多危險。論到踐行簡淳的具體實踐，不同的人須面對截然不同的處境、需要、文化，就此我們可以提供甚麼指引呢？

有人來自大家庭，有人來自小家庭，或膝下無兒。有人是單身。有人兒女有特殊需要，要花許多金錢時間去照料。少年的需要，與孩童的需要也迥異。

人人家庭背景都不一樣。有人在大蕭條時期中長大，對匱乏體會深刻。有人在二次大戰後成長，明白過度富裕對生活的壞影響。不難想像，為何前者認為積財是**審慎**，而後者卻覺得積財等於**囤積**。

人的情感需要也各不相同。有人需要個人空間，有人喜歡人多熱鬧。有人注重美感與平衡，有人對這些事毫不在乎。有人喜歡定時更換牆紙或油漆，有人住進新居幾年了，仍記不起自己客廳牆壁是甚麼顏色。

不同工作亦有不同需求。我昔日任教的那所大學，校長府第比我家房子大許多，但校長恒常在家招待四五十個賓客，而我家有六個客人已叫我頭疼了。公眾人物實在需要在自己的家找到私人空間，才可維持精神健康。

當然，這樣的討論也涉及個人偏好，論者實在難以完全免除偏見與私心。不過，最起碼的是，你可以肯定一事：我很留意個人意見的偏頗，並盡力將影響減至最低。

再者，文化在變，時局也在變，我們不能、也不應該與世隔絕。在上個世代關乎簡淳的先知呼聲，在下個世代可能已是明日黃花。情勢會隨著時間改變，基督信仰要有救贖價值，就須與時並進。

然而，最大的危險，是將簡淳的實踐，化為新的教條。本應保存鮮活與恆變的事，人總傾向使其僵化；人很容易把持著一些外在規條，用作論斷並控制他人的工具；人都愛用簡易方法去判定誰是誰非、誰有誰無。

難怪人都渴求可以為外在簡淳下定義！然而，毫無疑問，這樣的做法會給人帶來許多隱患與陷阱。

但我們不應因噎廢食。雖然有教條主義的危險，但仍要努力探求踐行外在簡淳之道，不然我們會落入另一陷坑：維持現狀。實踐方法若不具體，就難以帶來釋放的力量。

聖經作者願意接受挑戰，並將教導說得具體。不同的作者都有提出過關於簡淳的教導，而且具體得驚人。這樣做的難處是顯而易見的：適合某文化某時空的指引，難以移植到別的文化時空中。昔日彼得禁止婦女辮頭髮、穿美麗的長袍，因為那在當時代是一種炫富的裝扮（彼前三 3），今日辮頭髮很常見，大家不會特別留意，現在更不會有人想穿古羅馬長袍穿街過巷！我們都知道彼得的話只對應他的時代，今日我們的任務，是分辨甚麼是這時代的炫富方式，並指出問題所在。

舊約禁止借貸收息，因為當時的人認為那是對弟兄趁火打劫（申二十三 19）。但在通脹高企的世界，假若借貸而不准收息，反而是對放款人的剝削了。無論如何，這背後的原則，是人在今日怎樣可以彼此關顧，同時不會造成剝削。

舊日巴勒斯坦農業社會，以小農經濟為基礎，對這樣的社會來說，關乎收割的摩西律例，實在是慈悲為懷的做法，不過那些律例並不適用於今日社會——我們的窮人聚居在城市，不可能去到農地拾取穀物。有誰會認為今日仍須訂立類似的法例呢？

不！我們都知道這只是適用於昔日社會的法例。我們的任務，是制訂能夠具體且合宜地照料今代弱勢社羣的法例。

因此，讓我們追求踐行外在簡淳的具體方法，同時毋忘今日的方法未必適用於將來。我們的方法要具體，而不落入教條主義的桎梏——這是一條窄路。

調節而不妥協

第二個踐行外在簡淳的原則是：在實踐上調節，但在道德上決不妥協。這是很古老的平衡遊戲：**在世**而不**屬世**——其中的張力有非常實際的意涵。

凡人**確是**在世。說到底，生活方式**必然**受所身處的文化影響——我們可能不喜歡這樣，甚至懊惱萬分，卻是逃脫不了。舉例說，我還在大學任教時，是坐巴士上班的。每程車費一美元，亦即兩美元一天，加起來每週十美元，大約每年五百美元。換言之，我每年坐巴士上班的支出，已經是世上一半人口每年收入的兩倍。有人會因此譴責我說：印度人年均收入才三百美元，又或全球有十三億人每天收入不足一美元，你還好意思坐巴士上班嗎？但這樣的譴責幫不了甚麼忙——除了增添我的內疚。事實上，三百美元的確不夠我在美國生活一年。我要在某特定社會生活，就需要調節至某種程度的收支平衡。

我知道這話會觸怒一些人，他們會說：人在任何處境都不應該妥協！以我的情況為例，他們會說我應該選擇住在大學附近，或騎單車上班，甚或辭去教席。我會認真考慮他們的說法，不過問題核心始終沒有解決啊。事實上，我發現，即使立志守貧的人，其實早已對身處的社會作出不少適應調節——我這樣說沒有冒犯的意圖，只是實話實說而已。我們**在世**，自然要投身其中，適應調節，這包括了很多實際的開支：兒女的游泳學費、媽媽的新書、爸爸的電鋸。

不過，就算是合宜且必須的適應，也的確有可能淪為不宜且無謂的妥協。我們不應該**屬世**。今日教會一大問題，是未能分辨調節的底線在哪裏，以及自己是否已開始妥協了。

認清界線是困難的。人各不同，有很不一樣的處境及需要。不過困難歸困難，我們仍要一起努力，彼此守望，避免逾越界線。

現代傳媒的出現，增添了分辨的難度。大體而言，廣告建構了一套世界觀，與宗教哲學相持，爭辯怎樣才是幸福。電視不斷告訴我們，一些無稽的玩意可以使你開心得傻了眼——使人傻了眼是肯定的，但真的可以使人開心嗎？

廣告是思想轟炸，目的是增加慾望。計劃是一步步的，起初是從「太奢侈了」轉為「擁有也不錯啊」，然後是「我好想買」變成「我一定要買」。

我們被吸引，被麻醉，被洗腦，不過他們手法高明，整個過程一步步經過精心安排，按部就班，使我們陷在其中卻渾然不覺。我們自以為聰明，深信看得穿廣告當中的幼稚邏輯，但廣告作者其實不在乎你是否接受當中的邏輯，卻只是要挑起你對商品的慾望而已。而我們真的會付錢購買，因為廣告已成功挑起了我們的慾望。

最邪惡且最具操控力的手法，是同一公司推出各種類似商品在市場上互相競爭。他們明白消費者心理：覺得只要有選擇就是有權力；而這種消費權力感，會驅使他們買得更多。我們對某種清潔劑的特效嗤之以鼻，轉而選購另一清潔劑，這種選擇權令人亢奮——可惜這根本不是甚麼選擇權，因為兩種清潔劑都由同一公司製造，而且效能相若！那些看似割喉式競爭，不過是一台戲，讓人覺得自己是精明消費者。廣告的目的不是要你買某種商品，而是要製造一種消費的氣氛：更豪華的玩意、更舒服的沙發、更名貴的汽車、更多的更多……目標是增添慾望。

要抵擋物質主義的猛攻，就要採取堅定而具體的行動。要服從聖保羅的吩咐「不要效法這個世界」(羅十二 2)，就要立定志向，持之以恆。

在世生活須作一定的調適調節，是可以理解的，但須不斷提高覺醒，不落入「效法」或「妥協」的領域中。要在世而不屬世。

自甘貧窮

要踐行外在簡淳，可以認真考慮自甘貧窮。你問：「為何要將貧窮列入邁進簡淳的初階？這肯定是最後、最重大的一步吧？總之不是初學者的起步式吧。」恰恰相反，自甘貧窮可以是最容易踏出的一步。最大的動作，往往是最少痛楚的一步，正如快快撕掉藥水膠布的痛楚，總比慢慢撕開的少。大踏步有時反而能夠清楚揭露貪婪的真相，比其他方式更有效。要擊潰貪財的心，最直接的方法，是與錢財一刀兩斷。

在很多方面而言，自甘貧窮是較容易的事——清清楚楚與財物脱離關係。不用為這事或那事掙扎了，**一切**都被禁止了。你一無所有。這是何等輕鬆，何等簡單，不用再擔心要擁有甚麼、不要擁有甚麼。試想像少年方濟，他捨下一切，赤身走到街上。他滿懷喜樂踏遍世界，信靠上帝，乞取飲食。他不再需要苦思管理財物的難題，不用理會惱人的財政預算、銀行帳目、税務報表。可以説，守貧是最容易踏出的一步。

自甘貧窮的呼召，非為所有人而設，卻實在是上帝給某些人的吩咐。聖經中那個年輕富有的官就是拒絕了這呼召。不過接受這呼召的人也有不少。

自甘貧窮，就是與赤貧者站在同一陣線。賀川豐彥（Toyohiko Kagawa）是日本基督教的柱石，他的見證為世所誦。這個人不但聰明，而且是個多產作者，他效法方濟守貧，住在日本最惡劣的貧民窟。他的書《貧民窟之歌》（*Songs from the Slums*）是身為窮人、身處窮人當中的精彩見證。其後在加爾各答的德蘭修女（Mother Teresa of Calcutta）也為世所識，她懷著慈心服事印度的病人與饑民，深深感動世人的心靈。上述不過兩個範例，誰知道還有多少基督忠僕的故事，不曾被人提起？

在實際層面，自甘貧窮最容易在羣體中實踐，天主教眾多修會就是最佳例證。生活所需都由羣體照管，個體就可以盡情踐行其召命，不必顧慮經濟。當然，眾所周知，許多別的羣體也有各自的變奏，但大體上都依循這個原則。

自甘貧窮不一定是終生的承諾。我認識一對來自科羅拉多州的夫婦，蒙召撇下一切財產。他們順服上帝呼召，賣掉房子，奉獻所有。其後他們又很清楚領受感動，重新擁有——但你可以想像，他們對財產的態度與此前大有不同。今日他們在一所州立大學附近擁有一棟大屋，並將大部分地方租給學生，且成了一個恆常事工。當然我不能確定，但完全有可能的是：耶穌對那個年輕富有長官的呼召（變賣一切），不過是類似的一次過的吩咐。

千萬不要忘記：貧窮不等於簡淳。貧窮的含義比較狹窄。貧窮是恩典的工具，而簡淳本身就是恩典。人可以一輩子活在貧窮中，卻不曾體會簡淳的恩典。撇下財產，但內心仍舊惦念著，完全是可能的。不過上帝的確可以藉著貧窮讓人體會簡淳的恩典。怎樣可以分別二者呢？你要學習聆聽，留心，敞開心窗，當上帝的吩咐臨到，就快樂地遵從。

我要給那些不曾蒙召自甘貧窮的人一個勸誡：不要蔑視那些蒙召自甘貧窮的人。人有時活得太審慎或太理智，以致錯失了上帝的話。我們要慢慢地譴責，更慢慢地建議。何不先溫柔地、耐心地聆聽？聖經描述耶穌「壓傷的蘆葦，他不折斷；將殘的燈火，他不吹滅」（太十二 20），我們要效法耶穌的謹慎，不然會壓傷那些學習聆聽上帝的心靈，或吹滅他們心中的火。因此我們要懷著禱告的心，鑒察他們是否真的聽到了上帝的話。我們與主同行、認識主道久了，應該不難分辨那究竟是年輕人的過度熱忱，還是耶和華的呼召。同樣重要的是，蒙召自甘貧窮的人，不可棄絕那些不曾蒙受同樣呼召的人。

最後，容我給你一個自甘貧窮的小實驗——若上帝也感動你去嘗試，也許對你有所裨益。你可以環顧家居，找一樣珍重之物，問自己：「我對這物會太依戀嗎？它變得太寶貝了嗎？」在主前省察過後，就將它轉贈他人。你千萬不要推搪説：「我撫心自問，這在我心顯然不是寶貝，所以毋須將它轉贈他人啊。」它若真的不是寶貝，你轉贈他人又何妨呢？但若它真的是寶貝，將它轉贈他人，是為了你靈魂的益處！此外，要為收取你寶貝的人禱告，祈求它成為那人的福氣，而不是那人在天路上的絆腳石。

開支有度

至此，我們可能覺得高談抗拒消費者心態及自甘貧窮是好，但與實際處境風馬牛不相及。老實說，我們的煩惱是怎樣應付每月開支，而不是應否撇下一切！我們眼見巴西五千五百萬貧民的慘況，感到痛心疾首，卻也無能為力。我們自己也是捉襟見肘。兒女的需要已經迫在眉睫，少年子女的零用錢總是不夠。還有不斷上升的食品價格、燃油價格、物業税項⋯⋯收支平衡總是難若登天。

最要命的是，這樣的生活似乎沒有盡頭。支出總是比收入多，我們總在狐疑：怎麼存款消失得那麼快？究竟薪金都流到哪裏去了？

這正是我們討論的起點。我們不可能認真討論外在簡淳——除非我們知道自己的錢往哪裏去了。有一件事令我大惑不解：許多人真的不知道自己的錢花了在哪裏。人若問你究竟花了多少錢在娛樂、衣飾、送禮之上，你可以提供確實的數額嗎？若不能，就要找個方法去認清自己的開支了。對大多數人來說，只要詳細列出一年開支，必然吃驚不已：怎麼可能花了那麼多在某些項目上？

這是任何財務預算中最關鍵的控制點。我們可以制訂無數財務預算，但除非詳細記錄支出項目，否則無法知道能否維持收支平衡。所以任何預算的起點都是記錄開支。除非知道自己的錢去了哪裏，不然所謂控制開支只是鏡花水月。

你若問這真有需要嗎——那麼費勁地為那麼小的數額作詳細記錄？你錯得厲害了。以年薪三萬美元為例，若工作四十年，加起來就是一百二十萬美元了，這還未將加薪與通脹計算在內。這是上帝交給我們託管的金錢，我們要處理這麼大的數額，怎可以不小心作記錄呢？

妻子和我有個很實際的記錄方法。我們家的帳簿有二十個支出項目。*所有開支都會分類並入帳，就是這樣。麻煩嗎？有時候會，但這簡單的記帳方法有助我們減少消費。

第二步是制訂財務預算。所謂預算，無非是記下我們想怎樣花錢而已。若無預算，就等於未能決定該怎樣花錢。預算不過是控制我們要花多少錢在哪裏，並幫助我們誠實面對自己罷了。

---

* 奉獻、住房（房貸、水電、家品等）、食物、交通、醫療、健康保險、人壽保險、教育、衣飾、維修、公務、送禮、娛樂、儲蓄、交稅、投資、旅行、零用錢、特項、雜項。

有一事是肯定的：我們的欲求，總是大於我們的需要，及我們的收入——就算自身的貪慾還未令人失控，世上的廣告也會保證令你陷入困境。人若任讓欲求釐訂購買模式，結果必是亂局，以及債台高築。我有個朋友是借貸公司的總裁，他說按他經驗所得，有財務預算的家庭，很少會陷入債務危機。

本書不是教你制訂財務預算的書，市面上有很多這方面的佳作。[1] 以下我只分享幾個要點。

其一，這幾乎是共通的經驗，起初制訂實際預算時，總是入不敷支的。要使預算變得可行，**收入**必須超過或等於**支出**——假如達不到這目標，就要作出修改。我會建議你從削減支出入手，而非增加收入——這是一對夫婦經歷眼淚、禱告、和好的時刻！要取消盼望已久的旅行，或減少食物開支，都是艱難的決定，但無論如何都要做出一個收支平衡的預算。

其二，千萬別為日常開支舉債。投資是一回事，買一套夢寐以求的茶具是另一回事。「先花未來錢」對美國聯邦政府不是好事，對你同樣不是好事！借貸買房子或汽車也許必須，除此以外，還有別的可以接受的嗎？我個人甚有保留。

其三，認真面對你的預算。妻子和我的原則十分簡單：我們那二十個項目，是獨立分開的帳號，在月頭我會記下每個項目的預算總額，然後每次支出後扣除數額。舉例說，衣飾預算是八十美元，假如孩子想買新鞋，那個決定可以很容易做出：就看「衣飾」項的餘額夠不夠支出，若夠就可以買，若不夠就擱下。所有項目都以同樣原則處理。

其四，入不敷支嗎？不用愁，起碼知道你的錢花在哪裏了，你開始有了點控制。時日過去，你會學乖，變得實際。

其五，將奉獻給基督及祂國度的預算，視作與眾不同的項目。我的意思是：所有項目的金額你都希望可以削減，惟獨**奉獻**這項目你希望可以盡力增加。我有個朋友，他的目標是奉獻開支必須超過個人開支。惟願我們都能努力削減日用開支，增加奉獻開支。

逃離消費社會

廣告界廢寢忘餐、夜以繼日出盡法寶，要將我們塞進他們的模子裏。他們合謀共計，務要攫奪我們和我們兒女的心思。基督教簡淳要求我們逃離這「物化」的機制。我們可以怎樣做？我有一些建議，這些建議不是定律，因為有的適合你，有的不合你用。

其一，加入杯葛現代宣傳機器的快樂行列吧，以冷笑面對一切假得離譜的電視廣告！全家人理應齊聲向廣告商抗議：「你在哄騙誰呀？」將明顯不誠實的廣告列出，罷買相關產品。寫信給電視台及製造商，表達對相關廣告的觀感。幫助子女洞悉廣告的慣用伎倆（譬如將名譽地位與產品掛鉤）。為子女及自己祈求免受誘惑，毋須不斷獲得更多！對抗廣告商刻意營造「要淘汰舊產品」的想法——附加在新產品上的小玩意，無非想你覺得舊型號背時了，但事實上，有誰真的需要每年更換最新型號的產品？關乎安全與效能的重大改變，實在並不那麼常見，所以何不讓製造商知道你的想法：你需要的不是他們每年推出新的名貴設計，而是他們願意投資在更有意義的物事上。

你可以用直郵廣告的「郵資已付」信封，將抗議信寄給製造商，表達你對相關廣告的反感。要盡量避免接收垃圾郵件。要杯葛所有以「免費旅遊」或「夢想大宅」為獎品的抽獎遊戲。世上沒有免費獎品！羊毛出在羊身上，那棟價值連城的大宅，或免費去大溪地的旅程，還有比賽背後數百萬美元的營運開支，統統來自購買某商品的消費者。這些抽獎開支若用在生產線上，其實可以造出更為價廉物美、窮人能負擔的產品。只要有夠多的人看穿這背後的虛妄，必然可以令這些抽獎無立足之地。商品公司之所以會舉辦抽獎，是因為人們反應踴躍。如果明年相關抽獎參加人數只得一半，那些無聊遊戲還會舉辦嗎？無論如何，基督徒根本不應參與這些貪婪遊戲，我們要力拒這些宣傳伎倆。

其二，容我給你一個為很多人帶來了釋放的操練：當決定必須買某物了，且先看看上帝會否供應你，使你最終根本不用購買。我有個好友曾經需要一對工作手套，他沒有快快跑去買，卻將需要告訴了上帝。其後他不曾向任何人提起，但幾天後有人送了他一對工作手套——這是何等奇妙！我朋友並非沒有能力買手套，但他更想學習禱告交託的功課，並將金錢放在別的用途上。

在這事上，我們可以做許多實驗，就算是富人也可以做：決定買某物了，就在禱告中告訴上帝，然後等候例如一個禮拜，若上帝有供應，感謝主；若沒有，就再衡量那需要，如果仍覺得有需要，才去購買那物吧。

這做法有個明顯的好處，就是杜絕了衝動消費，因為加入了反思時間，讓上帝告訴我們某慾望是否真有需要。另一明顯益處，是這做法結合了靈修與生活：物質需要變成了信心歷程——有何禱告功課，比祈求日用飲食更實際呢？另一小小建議，就是將你省下來的錢，用作賙濟窮人，免得靈命操練變成省錢遊戲。

其三，生命重質不重量，別將生命以**有甚麼**來定義，卻要以**是甚麼**來定義。操練獨處與安靜。學習「在上帝之奇妙、可畏、溫柔、慈愛、安靜的籠罩之中，聆聽祂的發言」。[2] 要與人建立深厚友誼，花整個晚上與人認真交往，天南地北無所不談。這些時間遠比商業世界加諸我們頭上的虛飾娛樂有價值得多。珍惜音樂、美術、書籍、旅遊。你若忙得沒時間看書，你就真的太忙了。試試以禱告為你的黃昏娛樂吧。

學習一個奧妙道理：要提升生命質素，就要減少（而不是增添）對物質的欲求。別再聽信廣告的重複咒語：「更多，更多，更多！」要聽信聖十字若望（St. John of the Cross）的恩言：「你的靈魂別要不斷渴求更多，卻要渴求更少。」[3] 理察．布特（Richard E. Byrd）曾在北極荒野獨處多月，後來在日記寫道：「我在體會……人不需要很多東西，也能夠活得很好。」[4]

要捨棄一切以「向上爬」為焦點的極度競爭處境。聖靈的果子不是衝前、拚命、攀爬、攫取、踐踏。別讓蠅營狗苟的生活方式主宰你生命。人有時需要流血流汗流淚，但只應限於回應上帝呼召，而非力求上游。人生不僅是向上爬。

別將快樂放在人生首位。快樂是事奉人生的副產品，不是人生的主要目標。快樂不是應得的權利，而是意外的驚喜。

其四，選擇健康、開心、不需要太多設備的消閒活動。你毋須穿著昂貴的運動服裝，也可在家居附近跑步。步行、慢跑、游泳都是很好的運動，只需要很少裝備。要親近大自然，可以遠足、露營、行山。

單車是很好的交通工具，使用的是再生能源！花巧或昂貴的型號是不必要的，而且這些型號也不容易自行維修。以我自己為例，我終於學乖了，只求上帝賜我一架樸實無華的單車，我反而重獲孩童時得新玩具的樂趣。讓我給你一個建議吧：全家一起在黃昏騎單車，其樂無窮。

戒掉「觀賞體育」。現代觀賞體育競技耗費鉅量人力物力。體育集團自知已經擄獲美國人的心，所以在常規賽以外再添季前賽、明星賽、季後賽！太多了！別誤會，我也覺得體育競賽賞心悅目，但沉溺是另一回事：很多夫婦為了一方要花整晚看足球比賽（而不願意聊天），爭吵不息，何苦呢？

何不選擇非競技的體育項目？贏得比賽**必然**是最重要的嗎？不分勝負一定不好玩嗎？西方社會被洗腦了，覺得競技是惟一的玩樂方式。競爭有價值，但合作也有價值，合乎中道最重要。

其五，日用飲食要合情合理。拒絕滿含有毒化學物、人造色素、以不當方式製造的食品。戒買預製午餐晚餐。留意食物對生態環境的影響，盡量吃一些不會破壞大自然平衡的產品，例如水果、穀物。「穀飼」牲畜不是可持續的生產方式，對人類整體沒有好處。

嘗試種植之樂，就算不過在窗台種幾盆植物。學習醃漬、煙燻、風乾、冷藏食物，甚至自製罐頭。我家孩子還小的時候，整個冬天的零食不是買回來的糖果，而是妻子自製的果乾，他們都享受萬分。只要在後園植幾棵小樹，就能吃到新鮮直送、甘甜可口的水果。

可以的話，盡量選購本地食品，減少食品運送成本。搜尋地區的生產及營銷合作社。學習自製堆肥。回收再用可用之物。自行種植蔬果。

減少上館子吃飯。上館子只是為了特別慶祝。與快餐店相比，蘋果加牛奶，比一頓快餐更快捷而味美，更遑論營養價值了。一星期禁食一天，將省下的錢捐給窮人。朋友相聚，各自帶來一鍋，集成「百樂餐」(potluck meal)，其樂融融。少買食物，而非多買減肥藥品。

其六，將自我中心的旅遊，化作有意義的深度旅遊。譬如說，別相信那些謊話：你若未到過世上甚麼景點，你的人生就虛度了！事實上，世上許多最有智慧、人生最充實的人，包括耶穌基督，都不曾周遊列國。若有機會出國旅遊，要為行程賦予意義，別只懂得去那些金碧輝煌的旅遊景點，試去一些較窮困較糟糕的地方，體驗一下平民大眾的生活。昔日史懷哲(Albert Schweitzer)初訪美國，記者問他為何要坐火車三等廂，他答道：「因為沒有四等廂！」

旅遊時，除了看地方更要看人物。盡力與人交往，你會回味無窮。為何視當地人為異相呢？我曾看見一個當地人，發現一個遊客拍他的照，一手奪過相機摔在地上，怒吼道：「我是人，不是景物！」

其七，買東西是因其有用，而非因其炫目。若裝修家居，或新置家居，要考慮實用意義，而非炫耀程度。家居面積毋須過大，老實說，兩口子需要七個房間嗎？你在兒女成家後會獨居嗎？其實不必搬離滿載美好回憶的地方，卻可考慮邀請另一獨居者甚或大學生搬來同住，讓家居重聞笑聲，亦可消減寂寞。

審視你的衣飾。大多數人都不需要更多衣飾。他們買衣飾並非出於需要，而是出於追上潮流。放棄吧！只買所需。衣飾可以穿到破舊啊。別再以衣飾去引人注目了，內在比外在更重要。可以的話，何不自己縫製衣飾，享受其中的樂趣？選購實用而非花俏的衣飾。約翰．衛斯理（John Wesley）說：「論到衣飾，我只買最耐用、最樸素的。」[5]

面對潮流，我明白青少年所受壓力比成人大得多。大多數成人對自己有足夠信心，不容易被他人意見左右，所以毋須太靠衣裝去取悅人。青少年就不同了，可能未建立起這樣的自信，熱切需要接納與被愛。所謂合宜的衣裝，其實關乎社會的接納與排斥，當然要省察箇中的膚淺與論斷，卻也要警戒不可強迫兒女落入不必要的朋輩訕笑中。面對此事，必須懷著溫柔與愛心，去教導並訓勉。

家具不一定要昂貴，也可以既美觀且實用。重要的不是新舊或高低，而是創意。家具理應反映愛惡，而非堆在一起作陳列品。可以的話，自己動手造家具，或修補優質的舊家具。

學習尋找減價貨品，譬如去跳蚤市場或救世軍家品店購物。須留神的是，減價促銷可以挑起人的貪婪。用離譜的低價，買不需要的物品，其實難言撿到便宜。踏進拍賣場或減價場之前，須求主賜抽離的心。

我還有未了的話：簡淳不等於低劣。簡淳的聯想詞應為耐用、實用、美觀。譬如說，雖然我兒女的牀是我親手造的，但我會選購最好的牀褥，讓兒女睡到長大離家後依然完好（這些牀褥價格高昂！）。很多物品理應小心選購，找最耐用的型號，足可一生享用。

這不是簡單的任務。面對各樣處境，我們要不斷求問，各方壓力會紛至沓來，挑戰我們的品格。最大又最常見的壓力，是我們真的要獲得或擁有這物或那物嗎？面對每次的挑戰，毋忘馬克．吐溫（Mark Twain）一針見血的話：「文明就是無休止地增添沒有需要的必需品。」[6]

8

外在簡淳：跨步

Outward Simplicity: Longer Strides

能得所欲得，是富有；能一無所欲，是力量。

麥克唐納（George MacDonald）

簡淳是現代社會新時代的需要。我們這小小行星，根本撐不起西方社會那富裕又貪得無厭的過度消費模式。聖雄甘地（Mahatma Gandhi）說過，這世界足以供應每個人的需求，但不足夠供應每個人的貪求。

問題不在乎提升世上窮人的生活水平，讓他們與富有西方社會看齊。北美加西歐佔世界人口百分之十二，卻包攬世界消費的百分之六十。假如美歐以外地區也如此消費，預計世上現時所知的石油、錫、鋅、天然氣、鉛、銅、鎢、黃金、水銀等資源，會在十年內耗盡。[1] 就算假定科技會有重大突破，我們仍須面對現實：今日貧苦大眾的消費水平，若提升到美歐的程度，地球就會吃不消。一言以蔽之，地球撐不起我們的生活方式。答案顯而易見：要公平分配世上資源，我們必須降低現時的生活水平。

除此以外，公義召命與福音使命密切相關，亦都關乎簡淳的誡命。世上許多地方的人過著無望的生活，心中飢餓、靈裏疲乏的人，亟待真理的道。世上三分二人沒有聽過基督使人得自由的福音。面對千載難逢的傳福音大好時機，你仍然無動於衷嗎？再沒有時間苟且度日了！接近二十五億人口，接觸不到基督徒的見證，教會如果再不求變，這些「隱蔽人口」永難歸主，因為基督徒打不進他們的文化圈子。我們必須構思更新且更具創意的方法接觸他們，才有機會實現基督的大使命：使萬民作祂的門徒。這重大任務需要投注鉅額的時間和資源。

一九七四年世界福音大會（International Congress on World Evangelism）在瑞士洛桑（Lausanne）舉行，其後發佈《洛桑信約》（*The Lausanne Covenant*），當中提到：「我們的目的是以一切可行的方法，儘早使每一個人都有機會聽到、明白並接受好信息。」這遠大而神聖的目標動人心弦，但我們在生活方式上若不作巨大改變，是不可能達到這目標的。《洛桑信約》續道：「我們不能期待不付甚麼代價就能達到此目的。我們為千千萬萬的人仍生活在貧困之中而震驚，也為造成貧困的不公平而難過。我們當中生活在富裕環境中的人們，生活應當盡量簡樸，好使我們更慷慨地為救助和佈道奉獻。」[2]

生態學家與經濟學家異口同聲：簡淳是新時代的需要。「隱蔽人口」異口同聲：簡淳是新時代的需要。我們肯聽他們的呼聲嗎？

施予為恩賜

財富可以是很危險的事——整個聖經道統都強調這事實。因此，以下我的建議看上去雖然帶有風險，但卻也實在是建基於聖經的。我要指出，有些人的召命是從事關乎金錢管理的事奉（ministry of money）。施予是重要的屬靈恩賜，而當中不可少的是如何好好運用金錢於大眾的共同利益上。耶穌吩咐我們「要藉著那不義的錢財結交朋友」（路十六9），換言之，要將財物用在天國之上。這是我們今日亟需的事奉。

簡淳的精義，關乎樸實無華的生活方式，但不等於呼召我們減少收入。上帝呼召我們一些人要增加收入——為眾人的益處。

我要重申這事奉的風險——就像處理炸藥。對屬靈新生兒來說，錢財是烈性毒藥。惟有手潔心清的人，方可運用「臭錢」而不被玷污。貪饕、驕傲、貪婪、妄羨、貪財，都是無色無臭的毒品。這條事奉之路盡是挫傷與誘惑，走在其上，必須面對大多數人毋須面對的艱難決定與正邪交戰。可以說我們的人生會變得複雜許多——雖然不一定是麻煩。我們需要天國子民的代禱與支持，還有他們的幫助、意見、指導。為了天堂的益處，我們成了地獄的近鄰。

金錢管理的事奉最微妙而危險的一面，是它會帶給人虛假的權力感。我們開始覺得能夠左右大局。別人會對我們產生興趣，不因為我們「是甚麼」，而是因為我們「有甚麼」。他們打量我們的方式，會損毀眾人的靈命。事實上，金錢**的確是**權力。我們有權決定某項計劃的生死，而眾人都知道這事實——最危險的是，**我們自己**也知道這事實。這是屬靈驕傲的源頭：我們想像自己是操盤手、掌舵人。我們會在這思想泥沼裏不斷下沉，直到另一位偽救世者出現，將我們擊落神壇。

只有身經百戰的老兵，才可以承擔這差事，因他們經過十字架的熬煉。我亦因此等到本書第八章，才討論金錢管理的事奉。這不是起步的位置，不是容易的差事。惟獨擅於屬靈爭戰的人，才好投身這事奉。這人能夠今天從上帝領受五萬美元，翌日在上帝感動下將之送出（是**全額**送出，不是捐出十分一）。

若非有靈命指導，人不應貿然承擔這重要而危險的事奉。亞歷山太的革利免（Clement of Alexandria）認為，上帝富裕的僕人不應單獨作成自己得救的工夫，卻要尋求屬靈導師的指引。我完全同意革利免的說法。

要找一個可以傾心吐意的人（或小組）——要在屬靈的事上顯出智慧、不輕易為金錢所動、又能夠和氣地說出真理——要尋求他們的意見，分享你的靈命目標，包括財務上的具體計劃與安排。要敞開心扉，聆聽，受教。若他們察覺你有貪財的心，你不要覺得被冒犯，倒要虛心聆聽逆耳忠言。你很需要聽這些話。你的事奉讓你時刻曝露在屬靈危險中，若不勝任，則可能要從這神聖職事退下。

但這是很美好的差事，可以造福許多人。我想起無數的主僕，他們默默且低調地成為流通的管子，將鉅額款項送到有需要的地方。他們在靈裏得到釋放，不需要將錢財留在身邊，也不需要控制金錢；他們能夠白白得來，白白捨去。

我在一個歷史豐富的地方撰寫本書。一八八六年這大學落成時，名為加菲德大學（Garfield University）。如今從遠處已可看見它的許多漂亮石建塔樓，形成城堡般的架勢，但在一八九七年這裏成了荒園，因為大學停辦。當年戴維思（James Davis）看到出售加菲德大學校園的廣告，對妻子說：「安娜（Anna），我相信這是我們要送給世界一所大學的機會。」[3] 他真的做成此事。他買下校園，然後送給貴格會，發展成一所基督教大學。其後多少生命得以滋養，全因為一個人將資財化為天國事業！在無數的地方，都發生過這樣的故事，雖然形式千變萬化，但都是因為有忠信的門徒願意藉著金錢管理的事奉，拓展基督的國度。

你會否覺得我只關注有錢人，因為他們從自己的金庫撥出鉅款，能在世界各地成就大事業？無疑他們應得關注，但金錢管理的事奉更常體現於更小的事上——由普通人在有限預算內踐行。所求於我們的，不是海量資源，而是謙卑樂意的心，願意成為流通的管子。

這是其中一個簡單易行的「皮袋」：一家人可以將一年開支預算交託上帝，是儉樸、節制、實際的。要將退休準備（及其他類似關注）放入預算。要將十一奉獻分別出來。任何多出的收入全歸天國用途。能夠做到這樣，就能成為上帝的流通管子，快樂地傳送上帝的資源。收入可以來自薪酬或其他意想不到的地方。上帝使用我們、信任我們的方式，會叫我們訝異不已。

約翰・衛斯理（John Wesley）年輕時，預算一年只需二十八英鎊作生活開支（譯註：那是十八世紀的英國）。其時物價大致穩定，所以他一生都能維持那個開支水平。他最初作此預算時，一年收入三十英鎊，其後他的收入因他著作暢銷而不斷加增，達到一千四百英鎊一年，但他仍然一年只花二十八英鎊，餘額都作奉獻之用。[4] 誠然，衛斯理很長時間單身，而且沒有子女，所以沒甚麼家庭財務煩惱，不過他的想法做法仍有參考價值——當然我們要將子女漸長、教育經費、通貨膨脹等因素計算在內，但是原則不變。

另一個「皮袋」：若你和配偶都有工作，可以試試只靠一份薪水支撐，另一份薪水用作奉獻——這樣一對夫婦就有可能支付一個宣教士家庭的開支。有何不可呢？有甚麼投資項目，比這個更有意思呢？假如基督徒夫婦都能這樣做，想想看，普世宣教事業會有甚麼改變？

另一個做法：檢視你的收入。可否簡化生活方式，讓家庭開支減半？若能夠，你的收入不用增加，也可以將一半用作奉獻。

又另一個做法：除了奉獻，也可以為天國作投資。最好是另開一個帳戶，放在這帳戶的錢，只可用作天國事業，然後按上帝的感動，以合乎基督信仰的原則去投資，一切獲利只用作再投資或奉獻。無論何時都要謹守一個規條：這帳戶的錢，包括所賺的利潤，全屬上帝。

要按基督信仰原則去投資，可以是很複雜的事。我指的不單是明顯違反基督信仰的項目，關乎公義、生態、暴力的相關議題，亦不得不慎重考量。有的地產項目全然罔顧環保問題，有的公司與軍工企業關係密切，有的集團勾結不義政權，有的公司壓榨窮人或污染環境，諸如此類。如前所述，金錢管理的事奉是複雜的。

論奉獻，我們可以考慮十一奉獻。它不是新約規定的奉獻標準，卻是初學奉獻的有用指引。首都華盛頓救主教會（Church of the Saviour）成立早期，因著應否將十一奉獻納入羣體操練而大傷腦筋，最後求問於神學家尼布爾（Reinhold Niebuhr）。按尼布爾的建議，他們不應強推十一奉獻，而是應該委身「按比例奉獻——而除非有強烈理由，否則應以十一奉獻為底線」。於是禮拜堂的共識變成：「我們與基督及彼此立約，要以十一奉獻為起點，踐行按比例奉獻的習慣。」[5]

這原則有個好處：它不過是底線，而不是標準。會友都知道這是起點，是千里之行的第一步而已。在個人及羣體而言，他們要不斷思想「按比例奉獻」如何具體實踐。這決不是小事，奧卡娜（Elizabeth O'Connor）說得好：

> 是按甚麼比例呢？是家庭總資產嗎？是按收入與支出，因此個個家庭不同嗎？是按個人的安全感或對生活的焦慮程度嗎？是按我們對苦難者的關注程度嗎？是按我們的正義感，以及對上帝交託我們會眾的責任嗎？結果答案當然是上述一切都要兼顧。[6]

縱然不容易，但奉獻是快樂的事奉，可以成就許多善行，扶助許多生命。世界宣明會總幹事穆尼漢（Stanley Mooneyham）曾經到訪印度一條名叫辛哈里（Singhali）的村落，這村落備受旱災所困。穆尼漢找到一個穆斯林地主，他的井已快乾了，但仍願意與村民分享井水，不分穆斯林或基督徒。穆尼漢告訴這地主，世界宣明會打算出資挖深他的井，他聽完想回應，卻突然說不出話來，只呆呆地站定。穆尼漢憶述：「他說不出話，卻淚盈於睫，反映了他的心聲。他沒有抹眼淚，反而哭出聲來。他緊握我手，良久不鬆開。他的眼神就是他對愛的回應——他的回應亦表達了他的愛。」[7]

服事為恩賜

簡淳生活讓人有機會開拓新的服事。我們的需要大大減少，因此有時間做重要的事。伍爾曼（John Woolman）減少做生意，騰出時間投身巡迴傳道。他說：「避開營役的生活方式，似乎最適合我，雖然收入微薄。」他有好些做生意的機會，卻都婉拒了，因為覺得「外在的擔憂與困擾」會消弭自己的精力。你要知道伍爾曼不是全職傳道，不能免卻謀生的擔子。他是個生意人，胼手胝足賺取生計，只是他定意要「儉樸度日」，期望「沒有一事攔阻自己專心致志，聽從基督大牧者的聲音」。[8]

今日仍有不少人會這樣做。我認識一個專業木匠，每星期工作兩天賺取生計，其餘日子獻身為城中貧民爭取公義。另一個果農朋友，將自己的果園賣掉，所得款項足夠自己和妻子到海外宣教，毋須任何人支付他們的生活費（當時他們的子女都已長大成人，不用供養）。很多教師平日生活儉省，因此暑假毋須上班，將時間用作服事窮人。很多家庭出錢出力，利用週末參與事奉。

這些例子數之不盡。

實在有無盡的可能。只要有信心，很多事都變得可能。有時候情況不容許重大更改，但是可能的機會仍遠多於我們所想。我認識一個家庭，做了如此一個實驗。丈夫是建築主管，夫婦二人養育四個子女，要負擔的與普通家庭無異。有一段時間，他們領受了一個呼召，要參與一個在新畿內亞的建築宣教事工。經過禱告和籌劃，丈夫安排了兩個月休假，整家人前去新畿內亞，雖然當中涉及的金額不菲，卻使他們獲益良多——他們覺得這投資十分值得。如今他們還在聆聽上帝指引，看看是否應該繼續投身這項事工。

當然你毋須前赴新畿內亞這麼遠的地方去服事。哪裏有人，那裏就有服事的需要。危機中心、輔導服務中心、醫院以及許多機構，都需要我們支持。禮拜堂若有許多會友願意花時間參與服事，日常運作可以事半功倍。我認識一個大城市的小團契，已為三百五十個無家孩童找到歸宿——這涉及許多時間精力的投入，需要事先細心安排。今時今日願意投身服事的人，必須重新安排自己的生活。

但我們別只著眼於服事涉及的財務支出。減少慾望，騰出時間服事固然是好，但基督教簡淳還有另一重要元素。私己之心剔除了，就能成為真心的僕人，服事也不會帶著自義。我們不想轄制人，讓對方覺得虧欠我們。服事成了自願，不會帶著不良動機。為了別人的好處，我們快樂地放棄己有權利。對服事者來說，這是極大的自由，使其能夠憑著愛，先求別人的益處。

論到服事，我還有個具體的想法：我認為服事鄰舍是必須的。面對住在隔壁的人，我們要在小事上服事他們。

我為何要特別提到這似乎微不足道的事？因為事實上這決非微不足道之事。善待鄰舍，其實需要我們重新調校視角，包括重新擺放人生優次。惟有簡淳精神可以提供這視角。

重視鄰舍，不會使你登上新聞頭條，不會助你在職場晉升，甚至許多教會未必太重視（因為奪走了你「教會事奉」的寶貴時間）。服事鄰舍，不外是替鄰家掃掃落葉、照顧幼年子女、登門閒話家常。除非你明白了簡淳的真諦，你會難以相信這是重要的事奉。伍爾曼說我們要「斷絕追求外在成就的慾望」。[9] 不經歷這「斷絕」的過程，決難以明白簡淳的真義，也難以遵行愛鄰如己的誡命。

犧牲為恩賜

今日世界需要「先知式簡淳」。我們需要異議者的聲音，願意獨排眾議，提出全新模式，挑戰社會前設。無疑先知式簡淳有可能走向偏鋒，但這涉及的危險，與維持現狀其實不遑多讓。

異議者常常會把話說得太滿，因此被視為無可救藥的空想或理想主義者。但是他們的話有振聾發聵的功效，可激活我們的良知。他們不切實際的理想，蘊含發人深省的道理。

先知式簡淳常以令人不自在的方式呈現，這些方式肯定不會適用於所有時代的所有基督徒，卻總不會違反基督信仰。先知式簡淳是敞開的窗戶，洞開的大門，讓人邁向新的選擇與可能。這樣的事奉帶著犧牲。

世人傾向一筆抹殺先知式簡淳，惟我們要制止這試探——始終施洗約翰也**確是**聖經裏的人物。雖然耶穌沒有穿獸皮吃野蜜，但這不等於我們不應該這樣做。以利亞聽上帝吩咐，在一處荒僻的溪旁住了三年，我們也有可能領受類似的呼召。先知式簡淳的核心，是為基督緣故將一己捨棄。

有人選擇守獨身，為要拓展上帝的國。今日很多人認為使徒保羅有問題，因他力勸沒有嫁娶的人認真考慮守獨身（林前七章），這些批評者錯過了保羅這勸誡的睿智：婚姻確然分薄了人的忠誠。為了忠於婚約，已婚者必須關注許許多多的人際關係及財務事宜；相反，單身者可以專心一意委身天國事業——任何有配偶的人都能體會這個道理。

保羅不反對結婚，只強調要計算代價。進入婚盟之前，要明白須投入何其多的時間和精力，方可建立良好的夫妻關係。現實是，若有配偶，我們就可能成就不了保羅所成就的許多事。

今日一大悲劇，是不少無私委身基督的信徒領袖，在婚姻、親子關係上觸礁，而這其實並非無可避免的。他們很多人其實錯過了一個道理：他們的獨特召命與婚姻責任並不相容，他們其實要選擇守獨身。保羅的提醒，其實是很實際的建議。耶穌也曾提及「有為天國的緣故自閹的」（太十九 12）。

我們不將守獨身視為基督徒的可行選項，是好心做壞事。事實上並非人人適合結婚，我們要有勇氣說出這事實。獨身的人可以踐行有家室者無法踐行的簡淳生活。教會理應以言語和行動鼓勵守獨身的忠信主僕，他們不應被蔑視或投以奇異目光。我們理應盡力成為選擇守獨身者的伙伴，因為他們需要我們的友誼，我們也需要他們的洞見。

有人選擇了結婚，卻決定不生兒育女。有人這樣做是出於自身的需要，但也有人是因為想騰出更多精力去照料別人的孩子。我認識一對夫婦，他們決定不生孩子，為了能夠更好地服事少年人。他們的家整天向各式各樣的人開放——我在他們家待一個晚上也受不了，卻不得不承認他們的事奉大有果效。

類似決定必須配偶雙方取得共識，丈夫決不可在這事上「作妻子的頭」。要作這樣的決定很需要時間，配偶雙方要充分表達各自的感受。假若最後覺得想生兒育女，決不可被論斷為「不夠屬靈」——這關乎召命，不關乎靈命。

大多數夫婦會想生兒育女，也應該要生兒育女，但要知道箇中的委身，必須作好準備，甘願付上財務及情感的代價。

也許有人會說：「但願我當時懂得計算代價，但我沒有啊！如今我有家庭，但仍覺得要投身某事奉，而那事奉不容許我兼顧婚姻和家庭責任，這如何是好？」我會說，如今你的召命是好好照顧家庭，你要踐行與配偶訂立的盟約。委身一個損害自己婚姻的事奉，是違反上帝心意的。你要甘心樂意投放心力在配偶和兒女身上。你想委身的事奉若出於上帝，上帝會興起別人去委身，或在將來日子為你開路，使你可以找到兼顧家庭與事奉的方法。

另一涉及犧牲的範疇是禁食。很多基督徒倡議每週禁食一天，並將伙食費捐給饑民。這做法值得推崇，但我想探討更深層次的禁戒。

禁戒能帶給我們的是平衡（balance），讓人更敏銳於生命整體，逃離消費主義。禁戒可說是內在的警報，提醒人生命的優次，並提高屬靈的敏銳度。

禁戒讓人發現轄制著自己的東西。食物或美物會掩藏我們的內心狀況，但在禁戒中，內心狀況得以呈現。我剛開始操練禁戒時，首先發現的是自己對舒適感受的戀棧。感覺舒適當然不是壞事，但斷不可讓它成為轄制。人實在太容易受情感轄制了——忿怒、驕傲、恐懼、威嚇、貪饕、貪婪，在禁戒中這一切都會浮現。能夠坦然面對這一切、勝過這一切，實在是蒙福的機會，令人心眼得以瞭亮專一，向上帝盡心盡意。

禁戒的精義，是為了操練靈命，而甘願拒絕平常不過的活動。請緊記這些事本身全無問題——我們禁戒這些事一段時間，無非為了更加專注。從這觀點來看禁戒物事，就能明白其理由及引申義。譬如說，這時代一大需要，是要如禁食一樣，禁止自己與人接觸，學習離羣——我們大多都有「吞噬」旁人的傾向，並因此累己累人；我建議大家偶爾要離羣一下，不因為我們不合羣，恰恰相反，正因為我們真心愛人，當我們與人共處時，只盼能夠造福對方，而非傷害對方，梅頓（Thomas Merton）說得好：「在獨處中，我才找到使我能夠真心愛弟兄的那份溫柔⋯⋯獨處與靜默，教曉我為弟兄之所是——而非弟兄的所言——而愛他們。」[10]

我們有時也要遠避傳媒資訊。教我吃驚的是，很多人其實不能夠整天只專注在一件事上，他們的腦袋會不斷被各樣需要及思緒轟炸。報紙、電台、電視、雜誌——太多東西會打斷他們的思路。有人沒電視看一會兒，就會出現類似斷癮的徵狀。當然傳媒有其價值，但偶爾要禁戒它。

有時也要收起電話。電話是偉大發明，但它轄制了許多人。有人甚至在禱告中也會接聽電話——有比這更荒謬的事嗎？我想告訴你一個祕密：電話響起，不一定要接聽的！人是電話的主，不是電話的僕。家有客在，接聽電話是很不禮貌的行為。在我家中，每當家人共膳，或我在孩子牀邊講故事時，我決不會接聽電話，因為要確保家人知道，在我心中最重要的是甚麼。人若有要事找我，就一定會再來電話。

前文我已談過自甘貧窮這題目，在此我想更上層樓——我想談共有主義（communalism），就是說，為了羣體的益處，放棄個人財產的做法。

古往今來，烏托邦運動此起彼落，正如社會在無情的競爭下也有興衰。須留意的不是某主義的存廢，而是那主義是否與信仰相違。很多人試過共有的生活，覺得異常複雜，但亦有人覺得共有的生活帶來極大的解放。作為今日的先知式生活方式，它可能真的可以讓一種簡樸至極的生活成真。如此，如今一個美國普通核心家庭所消耗的資源，便足以供應二十幾人的需要。

共有的生活在歷史上存在已久，最明顯的例子是天主教修道院，不過近年在基督新教圈子也有不少人在踐行，一些較聞名的例子有密西根州安娜堡市（Ann Arbor, Michigan）的上帝真道團契（The Word of God Community）、伊利諾州芝加哥市（Chicago, Illinois）的芮芭團契（Reba Place Fellowship）、德州休斯頓市

（Houston, Texas）的救主堂（Church of the Redeemer）。這些社羣興起的原因不難發現，包括：現代社會充滿疏離與孤單、對環保責任的關注、對公平分配世界資源的追求、靈恩運動帶來的喜樂自由等等。再者，核心家庭的人數與形態，亦令共有的生活變得更為可行與可喜——須知幾十年前仍是大家庭主導，要將好些三四代同堂的家庭放在一起，箇中複雜不言而喻。相反，今日家庭成員只得三四個，比較容易與別的家庭共同生活，也比較容易從中獲益。

然而，共有的生活挑戰重重：怎樣保護私隱？怎樣處理財務？怎樣教養孩子？還有其他大小事情。雖然共有主義在歷史上有許多先例，但其實聖經理據不多。可以說，基督教共有社羣的最大價值，在於它的象徵意義：默默鞭撻社會的貧富懸殊，並指向別的蹊徑。

與窮人認同

簡淳生活的另一外在表現方式，是刻意與窮乏及被遺忘的人認同。這是耶穌基督常做的事，我們要效法祂。認同方式可以有很多，總之要獻出愛心，付諸行動。

我們更多人要為受壓迫者發聲，指出他們的苦況，並為他們伸冤。我們要在權貴面前為弱者發聲。基督徒要讓在位者聽到無聲者的聲音，看見不被看見者的臉孔。這豈不是摩西在法老面前所做的事嗎？我們在權貴面前代表窮人，就成了基督的使者。昔日在美國邊疆的貴格會信徒，經常出席聯邦政府與印第安部族的條約談判，並為印第安人尋求公義。以祿（Jacques Ellul）說：「我認為基督徒在每個不義與壓迫的處境中，既然不能訴諸暴力，就必須與受害者站在同一陣線。」[11]

但我要提出一個警告：基督徒必須為真正的窮人和被遺忘者發聲。太多時候基督徒似乎只站在處於上風的一方，或只加入已有大量支持者的陣營。我們必須看破新聞報導的表相（事實上媒體往往在幫倒忙），致力尋找真正的無權者。我們要與窮人站在同一陣線，就要掌握全面的資訊。以祿提醒我們：「基督徒必須關懷人間疾苦，耗費心力尋找失喪的人，不可錯失時機。」[12]

這是個無償的事奉。我們要願意聽從聖靈指引，進到被棄者與無助者中間。我們捍衛的對象，是毫無政治「本錢」的人。我們帶到官員及議員面前的課題，是世人置若罔聞的。我們將「微不足道」的小事提出來，令人感到不自在。但若我們要與窮困、被遺忘的人認同，就要做好上述的事。

另一個與窮人認同的方法，是進到他們中間。事實上有些人蒙上帝感召並以此為召命，住在窮人中間，與窮人共患難，為窮人禱告——在非洲有史懷哲（Albert Schweitzer），在日本有賀川豐彥（Toyohiko Kagawa）。

不過大多數人蒙召進到被棄者中間的方式，未必如史懷哲或賀川豐彥那樣富戲劇性。上帝可能感召我們參與監獄、醫院、安老院、精神病院的探訪事工，或是為失學少年補習，又或花時間與獨坐一隅的街童嬉戲玩耍。

我們的兒女也要加入此行列，與窮人認同。不讓兒女看見苦難與匱乏，對他們不是好事。假如將兒女困在富饒中，他們怎可能對世上的淪落人懷有慈心？惟願我們與兒女攜手，一起走進人間苦況。

我們有多認真與窮人認同，見於我們對子女教育的態度。譬如說，我們視大學教育為躋身權貴階層的踏腳石，還是服事窮人的裝備？我們怎樣教導年輕人面對大學教育？敦促兒女讀大學，是否為了裝備他們服事窮人？還是以此籠絡他們，說畢業後就能得到高薪厚祿？難怪今日大學畢業生滿腦子都是自己的飯碗，而不是人間的疾苦了。

立志跟隨耶穌的足迹，就必然會蒙召站到窮人那邊。有一個問題值得在心中時常反思：當我們衡量自己的生活水平，你願意用窮人的諸般需要，還是用鄰人的生活享受來作為準繩呢？

可行之階

讀到這裏，你很可能覺得本章的信息高不可攀，遙不可及，與你的生活風馬牛不相干。甚麼奉獻、服事、守獨身、共有的生活，這統統恍似另一世界之事！你不肯定是否想追求這些目標，更遑論踐行了。我明白這感受，因為我也曾經有同樣的感受，而且如今仍有。

我們雖身處山腳，卻千萬別灰心。巍巍峯巔，不會一蹴而就。所以結束本章之前，我想分享一些可行的方法，教我們可以沿著階梯拾級而上。

其一，要培養實話實說的習慣。別再隨口而出：「我快餓死了！」這不是事實，而且蒙蔽了一個事實：世上真有很多人快餓死了。你若肚餓，就說自己肚餓就是，不要誇大其事——「快餓死了」是另一件事。你要習慣實話實說，堅拒晦澀術語及抽象臆測——說這些話是為了蒙混過關或引人注目，而非說明或講解。

言語若是單單出於上帝這源頭，就會顯出簡淳。祁克果（Søren Kierkegaard）說：「你若全然順從上帝，就不會不清不楚……你在上帝跟前質樸純和……撒但縱然詭詐，誘惑亦無盡無窮，但是面對人的簡淳，任何偷襲都不會得手。」[13]

其二，為自己的金錢觀念追本溯源。回想童年時你是怎樣看待金錢。你的父母怎樣看待金錢？你覺得自己匱乏還是豐裕？昔日經驗怎樣影響今日想法？

追想你對金錢態度的演變。是甚麼引發這些演變？這些演變是好是壞？

審視你的感受。你為明天憂慮嗎？金錢給你安全感嗎？你花錢會內疚嗎？

檢視你的性格。你相信「富貴險中求」，還是「克儉方致富」？性格怎樣影響你的理財觀念？

其三，嘗試以新穎方法接觸大自然。盡情享受眼前的繽紛色彩。細聽鳥語——鳥是上帝的信使。能夠走路就多走路。細看青草樹葉的紋絡。栽植花木，重新發現「地和其中所充滿的，世界和住在其間的，都屬耶和華」（詩二十四 1）。

其四，學習享受而不必擁有。今日世代耽迷於擁有：擁有某物，就覺得可以控制那物；控制那物，就覺得歡天喜地。這是一種幻覺。人生許多事物根本毋須擁有或控制，也可以好好享受：學校、公共建築、公園、河流、公眾沙灘、公路，這些「公共財產」是人所共享的。你毋須購買一寸沙灘，也可以欣賞沙灘的美。許多東西可以與鄰舍或朋友分享。有文化甚至認為土地是大家所共有的。以色列的集體農莊，是經營有道的成功例子。施予可以帶來自由。

其五，建立在家歡慶的習慣。慶祝活動有無數種可能，種種活動都能夠帶來樂趣，促成一家團聚。譬如談天。只要肯聆聽，孩子講故事可以趣味盎然。又或輪流朗讀好書。這些相聚時光，使現代社會的華麗娛樂顯得淺薄空洞，而那亦確實是淺薄空洞。

邀請鄰人及寂寞友人到你家吧，他們不會咬人！不過切勿太過隆重其事，以致宴客過後精疲力盡，後悔莫及，痛下決心以後不再招待客人。你若只顧取悅對方，怎能好好享受相聚之樂？款客之道在乎簡淳與輕鬆。

其六，以言語和行動教導兒女簡淳的真諦，包括用錢的法則。要講清楚各項開支的上限。今日社會縱容孩童在商店內戀慕所有商品，你若屈服於孩童的所有要求，只會害了他們。你必須溫柔而堅定地拒絕他們，這是為了保護他們。被寵壞的孩子需要管教，而不是更多的縱容。沒有明確界線，對他們是壞事。你要給孩子他們所需，而非他們所想；孩子長大了，就學會只想要他們所需要的東西。

要讓子女逐步體驗自立。我給兒女零用錢，是為了教導他們管錢。（在他們成長的日子，我是按他們年紀決定款額，譬如說，六歲兒子一天有十二美仙，九歲兒子一天有十八美仙。）然而，孩子要做家務才可得零用錢，若遺忘一件任務，就會被扣五美仙（但無論如何不會倒扣）。不過也有一些家務是責任，不會獲得零用錢的。我每個孩子有三個戶口，一個為使費，一個為儲蓄，一個為捐獻。他們必須將十分一作儲蓄，十分一作捐獻，其餘的一起討論怎樣花費。他們年幼時，我會支付必需品，由他們支付奢侈品，隨著年紀漸增，零用錢也漸增，我支付必需品的分額也漸減，到最後由他們支付自己的一切開支。到十六歲，他們都管理自己的一切開支了（住房與膳食除外）。到十八歲，他們大致已有足夠的知識與經驗好好理財。（我們也大致不干涉他們的決定，除非他們主動求助，否則不會給他們意見。）

上述安排是可行的，雖然並非完美。偶爾我們會爭論甚麼是奢侈品、甚麼是必需品。我們都曾犯錯，但總是為了幫助孩子明白金錢的意義，以及理財之道。

其七，要聽從伍爾曼的忠告：「否決任何源於貪財的動議。」[14] 貪財是難以察覺的，最窮的人可能最貪財。要省察心中的警號。若警號響起，要靠上帝的能力保持安靜，直到警號熄滅。千萬別企圖以理性壓伏慾念，只要安靜沉著，容讓愛與光明來勝過貪婪與恐懼。若在基督的懷裏保持安靜，遲早會看見善勝過惡。

操練外在簡淳，委實不是小事，我們總是要麼不足、要麼過度。也許威廉．佩恩（William Penn）可以幫助我們縮窄這誤差：「節儉與慷慨，必須聯袂才好。節儉禁制人浪擲無度，慷慨讓人造福有需要者。」[15]

9

羣體簡淳：教會

Corporate Simplicity: The Church

我在靈魂深處緩緩呼喚上帝……強烈渴求從心底湧起：惟願認識聖靈工作的一眾基督肢體，都能獲救脱離貪財的心，及因這心而來的相互吹捧；並且一切經營的生意，海上或陸上的，毋忘定睛在天國之上——願上帝的國降臨，在地若天。

伍爾曼（John Woolman）

個人努力是好，卻總是有限。有許多我們一起做的事，是個人無法獨力成就的。上帝命定人類生活需相互依靠，才可活出祂在我們身上的旨意。我們必須彼此幫助，才可明白怎樣去愛上帝。我們必須彼此幫助，才可明白怎樣去愛鄰舍。「獨行俠基督徒」是自相矛盾的概念。

保羅在羅馬書十二章展示的美麗圖畫，描畫出一個活出簡淳的羣體該有的樣式。這段經文背景是講論聖靈恩賜，卻也足以讓人明白基督徒應如何度日。我們要慷慨供應聖徒的需要，對客人要盡心款待；要關心別人的匱乏，要與喜樂的人同樂，與哀哭的人同哭；要打破階級地位的藩籬，與卑微者站在同一陣線；要放下自己身段，專注能夠建立團契的事；要與眾人和睦，不為自己伸冤，總要信靠上帝。這個簡淳的樣式對結連生命來說，是何等令人神往啊！

教會的教導職事

對追求簡淳的當代教會而言，其中一個最迫切的需要，與教導職事攸關。可歎今人對內在簡淳或外在簡淳的最基本真理認識皆付之闕如！人要倚仗真理得釋放，就要先認識真理，也許我們作會眾的要鼓勵牧者放膽探討這題目——這本身已是一大助益。我們可以讓牧者知道我們的疑問：在一個饑饉世界中，做個有責任的公民，究竟是甚麼回事？我們需要牧者提供見解與指引。我們要顯出誠實且開放的心，讓牧者知道我們想他們探討具爭議的課題。我們也願意犧牲自己的利益，因為真理比利益更值得追求。

這樣的鼓勵至為重要。牧者和任何人一樣，不喜歡宣講不受歡迎的信息。能夠確定有人，即或是極少數，想聽到經過深思及禱告的真理宣講，是令人振奮的事。

牧者必須有勇氣且溫柔地大膽宣講真理。人需要真理。無知不是好事。人需要自由——透過簡淳而得的自由。我們要將上帝一切旨意教導人，就無法不觸及一些捆綁人至牢的事物。據聞馬丁．路德（Martin Luther）說過這話：「傳講福音的人，若不觸碰關於當其時的議題，就根本不是在傳講福音。」[1] 觀乎當代氛圍，有幾個關乎簡淳的向度，是教會需要細心教導會眾的。

我們必須大膽教導內在簡淳與外在簡淳的關係。我們不應再讓人流於口講操練虔誠，卻不親身面對社會現實苦況。不過我們同樣不應接受那些欠缺內在屬靈生命的激進社會行動。我們的講道與教導，必須結合內在簡淳與外在簡淳。事實上，就這方面的教導，聖經涵蓋數以百計的人物典範——從亞伯拉罕到使徒約翰，從智慧文學到天啟著作。

閱讀至此，你可能已吃不消我不斷強調的一個信息了，但如此明顯重要的信息竟遭輕視，豈不令人震驚不已？這信息在古典著作明顯不過，卻在當代著作備受忽略。以方濟各．沙肋爵（Francis de Sales）的《敬虔生命概述》（*Introduction to the Devout Life*）為例，它論及默想、禱告、謙卑、獨處，也論及財富、貧窮、衣飾和寡言。又以勞威廉（William Law）的《呼召過敬虔聖潔生活》（*A Serious Call to a Devout and Holy Life*）為例，在討論靈修操練的同時，有三篇篇章講論經濟。巴克斯特（Richard Baxter）的《基督徒指南》（*A Christian Directory*）除了講論禱告與信心、仁愛與順服，也鞭撻壓迫人的罪行，並大膽勾勒經濟道德方略。古時著作結合內在與外在、靈修與行動，做了很好的平衡，套用明谷的伯爾納鐸（Bernard of Clairvaux）所言：「馬大與馬利亞是姊妹啊！」[2] 其實要明白內在簡淳與外在簡淳的關係，一個最佳方法，就是研讀講論簡淳的古典靈修著作。

第二個亟待教會教導的主題，關乎「公平」（justice）的聖經與神學理據。昔日先知的信息必須得到今日的注意——我們願意將阿摩司對社會的辛辣批判應用到今日嗎？我們受得起以賽亞為窮乏者無助者發出的激烈呼聲嗎？我們會細心聆聽彌迦對不公不義和腐敗的憤怒咆哮嗎？我們願意聽約拿關於普世公民宣教責任的呼召嗎？聆聽聖經關乎公義的信息，若真心**聽取**，必是被催促去面對當代社會的饑饉與赤貧問題。

另一個亟待深入研究教導的課題，是耶穌基督教會的宣教責任。雖然宣教大會不斷舉行，但這方面的知識仍然十分貧乏。宣教士必須停止那些令人昏昏欲睡的分享——五顏六色的旅遊網誌、社會運動的社會學、跨文化福音事工的人類學等等。最有效使人採納簡樸生活的動力只有一樣：清楚明白我們的宣教責任，知道世上還有許多「隱藏的文化族羣」，沒有聽過基督的福音。

第四個需要探究的課題，是簡淳與和平的關係——若反過來說，是貪婪與戰爭的關係。窮奢極侈、囤積財富，是否動亂與災殃的溫牀？有多少武裝力量，是用作保護富者的特權地位、攔阻貧者溜進利益階層的呢？使人和平的職事，豈非簡淳精神的自然流露？這些問題不過是一些例子，我們須以謹慎及禱告的心去回答。

在教導而言，要重新檢視關乎工作的原則。工作的目的不是增加財富或財產，而是促進大眾共同利益及彰顯上帝榮耀。就算是清教徒——他們常被斥為工作倫理偏向負面的一族——也視工作為謀求公益、而非追逐私利的機會。清教徒一代宗師巴克斯特給人的擇業指引，是選擇最能服事上帝的職業：「不要選最能令你致富或聞達於世的職業，要選最有利公益、最能避免犯罪的職業。」[3]

簡淳與怠惰者及工作狂同樣誓不兩立。勤勞與忠誠是值得嘉許的，但奴隸似的工作狂就是罪了。簡淳呼籲人去放棄「衝呀衝」的生活方式。假若我們在教導人追求從容不迫的平安與能力，就必須也在教會生活中作出示範。譬如我們重視家庭價值，就必須想辦法幫助會友一家人在平日晚上共敘天倫，而不是一家大小參加教會各個會議。這種過度活動是罪，我們要放膽指出來。獻身為基督是一回事，瘋狂參與教會活動是另一回事。

論到基督教簡淳，不能不提當下盛行的「成功神學」。這神學有許許多多形式，惟重點萬變不離其宗：上帝會在物質上厚賜我們，遠超我們所求所想。這說法中有一個重要的真理——上帝確實願意賜福祂的兒女；不過，更重要的是上帝賜福我們的原因：不是為了個人顯赫，而是為了地上萬族的益處。明白了這個差別，整個世界都不一樣。成功神學表示：「我付出是為了能獲取。」基督教簡淳表示：「我獲取是為了能付出。」兩者有天淵之別。

以為我們奉獻給耶穌，就能從耶穌得富裕的一切大計，皆有個致命缺陷，跟「連鎖信」一樣，那就是總得有人付代價。在一個資源有限的世界，我們的財富是因著窮人的犧牲而得的！易言之，我們得到財富，他們卻不。

神聖不可侵犯

教會總想「更大更佳」，對此我總狐疑不已。不是「更大更佳」有何不好，我只是有疑問而已。相信你也從大眾傳媒聽過看過傳道人向你募捐。我也和你一樣，收到很多分享信，講述上帝透過他們做了何等奇妙的事工，為此求奉獻支持他們做得更大更佳。上帝總在引領這些羣體，要他們求得到更多。我是能平和地談論這事，畢竟我毋須向人募捐大量金錢，但其實上帝會否有時會要我們求得到更少，減省下來呢？我會希望有一次信徒領袖說：「大家好，上帝在很多事上恩待了我們，我們近日為前路禱告，似乎上帝希望透過我們的口告訴大家：你們這個月原本打算給我們的奉獻，不要給我們了，拿去賙濟窮人吧。」上帝會偶爾這樣引領人，對嗎？這樣的想法似乎十分幼稚，而且肯定不是有效的籌款手法。不過，聽命豈不高於任何計劃或預算嗎？基督國度整體拓展，豈不比個別小小計劃更重要嗎？

我對一些人為教會籌款的手法也有意見，不吐不快。與人分享合理的需要是一回事，但為求效果而妄作緊急呼籲是另一回事。教導奉獻的聖經理據是一回事，但運用心計去催谷奉獻，罔顧奉獻者的靈命，是另一回事。幫人明白行公義與傳福音的責任是一回事，鼓動、欺騙、操弄人的情緒是另一回事。

基督教募捐者只要忠實地講述事工需要，就已完成職責，感動人心是聖靈的工作，人不應越俎代庖。老實說，我自己已不再閱讀那些募捐信了——用顏色標示重點的文字，承諾致送的小禮物，附上（印出來的）親筆語句、感人肺腑的最後呼籲……我不讀那些信，心不無戚戚然，因我相信那背後有良好意願，但箇中手法已偏離了分享資訊的目標，而變成了情緒操控。

論到言語上的簡淳，我對禮拜堂的命名也有一點意見。我覺得以地區或街道命名禮拜堂是合情合理的事，但在此以外的名稱，譬如加上「聖經為基」或「全備福音」等形容，會否意味其他禮拜堂沒以聖經為基、不夠全備？再者，以地區或街道命名，有表明心迹的意思，讓公眾都能看見禮拜堂對服事鄰舍所立的心志。

我對教會團契的命名也有話說。曾經有人問我會怎樣命名一個我所屬的小組，這小組在探討踐行合一之道。我答：「不如等我們有了一些實質果效才想命名的事吧。」不久後我發覺我那想法是對的，因為我發現那個問我的人，也屬於一個名為「合一之家」的小組，但那小組的表現與名稱，明顯是南轅北轍。

我明白命名可以表明一個羣體的宗旨，但我想指出的是，我們切不可托大，言過其實。從聖經看來，慣常的做法，是在某人有了新的轉變後，才取新名字的。

言語上的簡淳，也包括名銜的問題。在這事上耶穌的話很直接：「你們不要受拉比的稱呼，因為只有一位是你們的夫子；你們都是弟兄。也不要稱呼地上的人為父，因為只有一位是你們的父，就是在天上的父。也不要受師尊的稱呼，因為只有一位是你們的師尊，就是基督。」（太二十三 8～10）

這是否說我們不可稱任何人為「父親」——就算他是我的親生父親也不可以？當然不是！耶穌反對的，是用名銜的不良方法，去控制、操控人：既然是拉比（或教授，或博士）的看法，別人就無從置喙。耶穌的話，在學術機構很容易看到其價值所在：有時候大學教師說服不了學生，就會或多或少訴諸以術語或更高學位，通常就令討論靜下來。這種手法與基督教簡淳並不一致。話得說回頭，有些人的確在某些議題上比其他人更有權威，但按我經驗所見，這些人的權威很少是來自名銜的。

敬重長老或權威人士是一回事，以「博士」、「牧師」、「教授」、「閣下」之類名銜去操控人是另一回事。「牧師」的英文名銜 Reverend 尤其不當，它的本意是「獲尊崇的」，這樣的稱謂惟獨上帝擔當得起。

基督教簡淳不是要盲目使用或禁用名銜，而是要我們小心察驗自己內心怎樣彼此相待，並是否願意彼此服事作僕人——不僅在言語上，也在行為上。

美學與實用之間的張力

論到教會中的簡淳，無可避免的議題，是關乎教會的建築物。這不是容易的議題，但我想提出的是，我們要兼顧美學與實用的考慮。

我的小小建議，應該對教會的建堂委員會幫助不大，尤其是關乎決定新會址的大小、形狀、成本等事情，但這裏還望提供一點指引。我的建議關乎實用與美感，效率與工藝。

說到底，堂會的建築美學，取決於教會的神學，而這課題遠遠超出本書所能涵蓋的範疇。但我仍想提出以下幾點，嘗試統合美學與實用之間的張力。

首要考慮的是建築物的功能，因為形式理應服膺於功能。若敬拜是關鍵考慮，一磚一瓦就要配合這功能。若團契相交是關鍵考慮，就要採納別的形式。高拱型的房頂，能令人生出崇敬之心；圓型天花板比較合乎團契之意。

其次是要一起撫心自問：這個建堂大計是為堂會名聲，還是為上帝的榮耀？我誠心建議堂會的建堂小組要舉行聚會，**整個小組**一起敬拜上帝，專心尋求上帝關乎建堂的心意。

我在以往首次參與的建堂小組學會了上述功課。那其實是個相當小規模的工程——一個教育中心兼日間護理中心。我們有許多合理動機去開展工程，又已經過審慎的決策程序，有了正規的建築圖則，以及詳細的募捐計劃，但其時我也在學習禱告的功課，最終覺得這件事應該由全教會一起付諸禱告，於是為此召開了一個敬拜聚會。我們不急於做甚麼決定，因為這計劃已得到正式批准。我們在聚會中讀經、禱告、唱詩、分享、安靜聆聽主話。那是一次美妙的經驗。記得我在聚會前還覺得應該開展工程，但在聚會後很確定不應該繼續了。這當中的轉折何來？乃是發現我想擴堂的動機，其實源於一個沒說出來的想法：擴堂工程是成功牧者的標誌。然而無論神學上或哲學上這都不是我的信念，而在敬拜中，上帝揭示了我心底的想法。最終教會決定終止計劃，而從後果去看，那實在是明智的決定。

因此我們必須自省，擴堂工程是要展示財力、成就、名聲，還是為了服事、關愛、上帝的榮耀？你可能會反駁：「但除非教堂的門面夠大，人家不會進來！」也許是這樣吧，但這有利也有弊：很多人（包括我在內）不會進入一些刻意將門面撐大的禮拜堂。

另一建議是號召會眾發揮工藝創意。也許有人精於雕刻，可以造出精巧的大門或祭壇之類。一起敬拜的信徒，可以帶著關心和禱告，做出畫作、馬賽克、掛氈；又或創作雕塑、陶藝作品，將一切榮耀唯獨歸與上帝（*soli de gloria*）。

最後一個建議：表達美感有許多方式，決不限於磚瓦。花草樹木能夠刺激人對顏色及對稱的追求。我常在加州的西班牙差會建築物之間散步，對那些精緻的四邊型花園及噴泉讚歎不已。若是重視團契相交，就要營造美麗而安靜的休憩空間，讓人可以結伴安坐和參觀。僻靜的噴泉，可以撫平心中的忙亂，蓋過都市的囂鬧。

這會否太奢侈了？也許吧，但這種奢侈可追溯到一件事：耶穌的頭曾被澆上香膏，那是極貴的香膏。

當然我們也要考慮地區的地理及文化因素。成本效益也是重要的考慮，質量與耐用也需顧及。我們也要問，我們建築物的設施所鼓勵的生活方法，與耶穌的生平教導是否相配？這都關乎美學與實用之間的張力。

靈魂關顧

現代教會生活的最大欠缺，可能就是作長老的牧養職事（the ministry of eldering；編註：參考貴格會傳統，Eldering 是由屬靈前輩訓練教導年輕信徒的職事）。昔日保羅招聚以弗所眾長老在愛琴海港口城市米利都面晤，吩咐他們要牧養上帝的羣羊，乃是聖靈託付他們的（徒二十 17～35）。在愛中互相守望的牧養職事在今日同樣重要，一如往日。基督教簡淳，通過牧養職事，得以推進。

我們若想把牧養職事做好，首先是營造能夠讓牧養自然發生的環境。大多數教會基本上都很難做到彼此照顧，原因很簡單，就是會眾之間根本認識不夠。要傳道人提供足夠牧養給一個有一定人數的羣體，是不可能的。出路就是具備牧養恩賜的信徒（不論教會有否確認他們的恩賜）起來照管輔助上帝的子民。然而，長老要提供屬靈指導，必先要認識羊羣。昔日約翰．衛斯理（John Wesley）設立「班會」（class）聚會，就是為了提供這樣的照管。初信者獲分為小組，每週會面，彼此看顧支持。很多教會設有「關顧小組」或「微型教會」，背後也是同樣的理念。

這一切與簡淳有何關係？答案顯而易見：人不懂得彼此幫助，就難以邁進簡淳生活。我們需要他人的洞見與明辨。舉例說，有些教會領袖實在需要一個安息假期，放下教會事奉，但他們自己不會這樣做，除非有人溫柔地勸告他們踏出簡化生活的一步。相反，另一些人需要鼓勵，走出怠惰與自私的生活。

在喬治亞州的團契農場（Koinonia Farm）成立初期，有個貴婦表示想加入這個基督教實驗羣體。農場創辦人兼屬靈領袖克拉倫斯．喬丹（Clarence Jordan）吩咐她要先放棄自己的財產。她問：「怎樣放棄呢？」喬丹答：「你可以分給窮人，可以分給親人，可以丟到橋下——總之在進農場前要處理掉。」她又問可否將財產轉到農場名下？喬丹一眼看出當中的風險，並發現她其實是個很孤獨的人——因為她的朋友大多覬覦她的錢財。喬丹對她說：「你若將你的錢給我們，就會覺得我們是為了你的錢才與你交往，又或覺得我們是因為你的錢才會愛你。」再者，她可能會看自己為農場的金主，因此所有成員都要永遠感激她，這就成了讓她不能融入羣體的障礙。喬丹總結道：「為了你的好處，也為了我們的好處，你先處理你的身家，再來加入我們吧。」[4] 這實在是明智牧者的美好示範。

請不要將上述說法視為教條。我無意提出一條教會原則，也不是說一個牧者有超然地位可以向人發出指令。上述情況並不是通則。我想表明的是，我們理應想方設法，向那些具有明辨與智慧恩賜的屬靈前輩，取得幫助與指導。

我和很多人覺得一個發揮上述恩賜服事的方法，是在我們有時稱為「明辨聚會」(meetings for clearness)的時候。這聚會不過是聚集會眾公認為有屬靈智慧的幾個人，然後分享要尋求「明辨」的事情——可以是各大小事情，例如擇業或轉職的決定(我從牧職轉到教職與寫作，也有求助於這種聚會)、評估財務預算、結婚計劃等等。

與會者毋須在聚會中匆匆作出決定。反而更好的做法，是再等一下，看看在集體經驗中所獲得的方向是否得到印證。在聚會中，某人先分享其的想法，然後與會者一起尋求明白基督的心意。其中會有詢問和討論，也有禱告和敬拜。意見切戒衝口而出，不然只會偏離真理，而非趨向真理。所說的話，理應在小組中出自上帝的大能。各人務必節制，千萬**不可**匆匆道出只出於個人偏見的說話。不能禁戒自己舌頭的人，不應該參加這種聚會。

這會是甚麼回事？很多時——並非經常，但很多時會如此——一個較清晰、較確定的方向會開始浮現。當然，一般來說，共同評估會產生確定感，這是自然不過的事，不過此外還有一種確認，是社會學難以歸類的，而這種確認是我在慣常的資料收集、評估、討論、發表意見的過程中不會獲得的。我無法作出斬釘截鐵的結論，但我可以肯定一事：當基督徒聚集，定意聆聽基督的聲音，總會得著指引。

上述的羣體經驗，有助我們眼睛保持瞭亮專一。教會的弟兄姊妹會告誡我們做事太多了，或是太自滿了，或兩者皆是……曾經有個朋友對我說：「你要在主跟前低調一點。」弟兄姊妹會鼓勵我們奔跑在正確的道路上，或會催促我們多付出愛心，多作善工。

這種羣組亦可成為某些職事的催化劑，從而提供情感支持，甚或財務支持。昔日在安提阿教會的「明辨聚會」，有主的話臨到，吩咐教會差派保羅和巴拿巴去向外邦人宣教。保羅和巴拿巴不用走遍二十家堂會尋求支持，安提阿教會的羣體就是他們的支援力量：屬靈上、情感上、財務上（徒十三 1～3，十四 27～28）。

假設你堂會中有個寡婦，她有兩個年幼的兒女。[5] 她本業是律師，同時積極投入堂會事奉。她有個感動，覺得要用她的專業去服事城市中的窮人。她召集了一個小組，與她一起辨明主的心意。如果決定開展事奉，會有甚麼需要顧及？其一，因為籌劃事工需時，她要辭去詩班及提名委員會的職務；其二，她失去收入，因此向來給堂會的大筆奉獻也會減少；其三，也許是最重要的，她的收入會減少，可能需要財務支持，才可以繼續她對窮人的服事。

假如「明辨聚會」參與者確認了她的呼召，他們亦會致力幫助她找方法達成這事。有時候，參與了作決定的這類小組，可能是提供全面支援的，又或會促成其他人一起參與。無論情況如何，讓人意想不到的是，很多時候，原本不可能實現的夢想，因為一班人（就算人數很少）相信上帝願意玉成其事，就能夠夢想成真。

靈魂關顧是古老而備受尊崇的事奉，願上帝賜下新的「皮袋」，讓我們在現今時代好好事奉。

經濟均衡

使徒保羅為了耶路撒冷教會的窮人募捐（羅十五 25～27），由此為歷世歷代基督徒提供了一個不易施行的經濟原則。保羅認為耶路撒冷的需要，是信徒表達合一精神的好機會，這合一跨越了文化與種族的界限。這是外邦信徒向有需要的猶太裔弟兄姊妹表現基督之愛的難得機會。保羅想盡辦法要促成此事，我們從哥林多後書可以看見端倪。

保羅提及馬其頓信徒的愛心榜樣，他們雖然身處匱乏，卻仍是慷慨解囊，而且甘心樂意：「我可以證明，他們是按著力量，而且也過了力量，自己甘心樂意地捐助，再三地求我們，准他們在這供給聖徒的恩情上有分。」（林後八 3～4）

這是慷慨而樂意的行動。不是機械式的十一奉獻，也不是計算過後的最低比率款額。馬其頓信徒是滿有喜樂地把握機會與人分享。保羅由此勉勵哥林多信徒「在這慈惠的事上也格外顯出滿足來」(林後八 7)。

你感受到箇中的喜樂與捨棄嗎？沒有計算投資回報，或是擔心財務前景，而是看為支援困乏主內信徒的機會。這就是跟隨基督腳蹤的開始，「他本來富足，卻為你們成了貧窮，叫你們因他的貧窮，可以成為富足」(林後八 9)。惟有愚頑人才會錯失如此良機。

但好戲在後頭！保羅接著說：「我原不是要別人輕省，你們受累，乃**要均平**，就是要你們的富餘，現在可以補他們的不足，使他們的富餘，將來也可以補你們的不足，**這就均平了**。」(林後八 13～14；強調標示乃筆者所加) 這對今人來說，是何其駭人聽聞的原則！實際而言，保羅在倡議一種基督徒羣體內的均平主義原則——套用他的話——「要均平」。保羅的意思不是絕對的平等主義——福音信仰講求自由，保羅心深知道，所以他不是要倡議教條式均分制度。保羅重視的是慷慨的心懷——慷慨的人不會眼看有人匱乏，而獨自在豐足中快活。

保羅又重提以色列人在曠野獲得上帝供應嗎哪的神蹟，以支持他的經濟原則：「如經上所記：多收的也沒有餘；少收的也沒有缺。」(林後八 15)

保羅徵引這段舊約歷史很有意思。上帝在每個清晨賜予以色列民一種像白霜的神祕食物，百姓稱之為「嗎哪」(出十六 9～

36）。上帝為了整治他們的貪婪，教導他們信靠的功課，就命令他們每次只可以收取一天的分量。然而，一如以往，他們有些人還是多取；卻奇妙地在最後用秤量重時，「多收的也沒有餘，少收的也沒有缺」（出十六 18）。不過還是有百姓學不到教訓，偷偷留下一些，可能是「積穀防饑」的心理吧——上帝有可能明天不再提供嗎哪呢——他們是比較審慎節儉而已。可是上帝要教導以色列民「日用飲食」的功課，因此多留下來的嗎哪「生蟲變臭了」（出十六 20）。

嗎哪的功課十分明顯：要完全信靠上帝，不要囤積，還有——可能這個最尖銳——就是不要貪心。**人人所得的分是相同的**。均分背後的原因很實際：為了消除貪婪、嫉妒、紛爭的根由。保羅很重視的，就是這個均平原則。

這原則對今日的我們有何意義？今日基督徒中間的不平等情況太明顯了吧？數以百萬身處亞洲、非洲、拉丁美洲的弟兄姊妹，在饑饉邊緣徘徊——更遑論基本醫療與教育的缺乏。我們仍好意思若無其事、大剌剌地坐著，熱烈爭論禮拜堂的座椅配色，而容讓令人氣憤的狀況繼續嗎？

我們當然要做點甚麼！但真正的難題是怎樣切實回應上述議題。初期方濟會的「矢志赤貧」是最好的方法嗎？有人覺得這就是出路，並呼籲教會變賣一切財產。有的教會可能蒙召做這樣的事，但大多數教會不會這樣。對那些沒感到要變賣所有的教會並當中的會眾，我有三個建議給他們。

其一，可以制訂如此一個財務政策——我們花多少錢在自己身上，就將同樣金額花在賙濟別人身上。我知道這有許多實際困難。專責傳福音的同工的薪津，接觸到更多小朋友的暑期聖經班的開支，容讓更多新成員參與教會的擴堂支出⋯⋯這些開支可視作用於賙濟別人嗎？這個主意實在是困難的，但仍是值得考慮的政策——起碼這政策會驅使會眾捫心自問：我們對其他地區的基督徒究竟有多關心？

其二，可與一家收入緊絀的教會建立長久關係，可以是市內貧民區的教會，或在別國的教會。昔日我在南加州牧會時，堂會與洛杉磯一家貧民區教會建立聯繫。我們曾經為了「洛杉磯的聖徒」收集獻金，然後差派會友將獻金親手交給受助人。這建議亦有難度，其中一樣是堂會很容易將自己視為另一家堂會的守護天使，因此期待對方永遠感激自己。話雖如此，但只要謹慎行事，這做法對很多人都有益處。

其三，可將某年定為「禧年」，其時會友盡力奉獻某項事工，譬如蘇丹內地會（Sudan Interior Mission）的教會、印度福音會（Evangelical Church of India）或自己所屬宗派的差會計劃。在個人而言，可以認領有需要的家庭或地方堂會，以此為奉獻對象，在「禧年」內想方設法予以援手。有人可能會變賣資產，出售舊物、賣車等等。這一年，教會的財務委員會可做出更大膽的對外預算。「禧年」的信息要傳到海外的弟兄姊妹耳中，讓他們經歷基督的愛。「要均平」——我們的豐盛，要用作消除他人的匱乏。

不現實嗎？烏托邦嗎？可能如此，但有的堂會夠膽嘗試，你的堂會呢？

實際幫助

廣大而深刻的改革是好事，但一些能夠促進彼此相愛行善的小改變亦很重要。因此，結束本章之前，容我為基督徒羣體作幾點小建議。

讓我們努力彼此憐憫，互相忍讓。我們的關係應該滿有恩惠與自由。太多時候，我們熱心追求正義、真理與公義，卻傷害了彼此。在相處關係中，不自覺地滲入了互相的指責。我們開始看見別人的財富，腦中不期然作出盤點估值。然而我們也可以不是這樣。我們可以單單陪伴對方，給予關愛支持。當然我們要按照上帝的教導去活出並言說真理，但指正與督責，是上帝的工作，不是我們的工作。

讓我們盡量施以「教會式的人道毀滅」(ecclesiastical mercy-killing)；教會中那些背時、早已失效的委員會或活動，應該可以結束吧。會友的人生夠複雜了，別要他們再花時間在無效益的會議上！堂會每年檢討，看看哪些架構可以精簡，可以令大家生活簡約一點。

我們總會找到互助的簡易方式。很多教會安排活動，將會友送出而狀況上佳的幼童衣物，轉贈有需要的家庭。亦有教會經營「食物銀行」，將罐頭或其他生活必需品分給有需要的人。在收成的季節，教友可將多出來的蔬果與人分享。亦有教會每週或每月刊出「需要清單」——列出可供買賣或贈送的物品。

讓我們復興昔日「合力建造穀倉」(barn-raising)的傳統，社區彼此互助。家居維修工程可以一起進行以減省支出。水管工、電工、木工技藝可以與人共享。我見過教會羣體以愛心彼此服事，幫忙其他家庭建造自己的居所——如今建屋成本高昂，這可能是年輕小家庭惟一可以擁有自己家居的方法。

讓我們提供優渥的薪津給傳道同工。我們害怕他們會變得貪婪嗎？事實上，貪財的人根本就不應該考慮牧職（提前三3）。對牧者我們理應慷慨以待，這是表達愛心的一個方式。再者，他們得到供應，才有能力去幫助他們覺得重要的人和事。

讓我們多舉辦集體慶祝活動。禮讚上帝美善及羣體生活，能豐富我們的人生。這些節慶未必很花錢，但其中一些理應要多花錢——偶爾我們要放下素常的節儉，快樂地屠宰「肥牛犢」！在我曾經任教的一家學院，他們有個每年舉辦的活動，名為「春季交響樂」，這活動對人心靈的助益難以估量，是一年裏最令人期待的活動。音樂、裝扮、色彩——那是一個匯聚各方專業的認真製作，卻毫不矯揉造作。這活動所費不菲，要投入大量的時間、精力、金錢。簡淳，是如此內蘊於上帝的國；在我們追求神聖簡淳的路上，實在需要這樣愉悅的慶典。

10

羣體簡淳：世界

Corporate Simplicity: The World

整個世界都是我的牧區。

約翰・衛斯理（John Wesley）

我們這地球太擠迫了，擠迫得不再有所謂任何內政了！

索忍尼辛（Aleksandr Solzhenitsyn）

上帝子民的標記是基督教簡淳，世人亦因此可以認識到這美德的價值——但世人必須先有興趣去效法。

世人的共通追求，似乎是「肉體的情慾、眼目的情慾、今生的驕傲」（約壹二16）。世人對基督教簡淳——以至任何形式的簡淳——毫無興趣。世人趨之若鶩的似乎是詭譎、迷惑、含糊。世人喜愛逃避責任，恣意尋歡。世人的視野就像蒼蠅，有著數以百計的複眼，望著數以百計的目標，永不定神，永不心息，永遠都只為當下一剎那而活。「我們沒有一人不參與我們狂歡作樂，無論何處我們都留下行樂的標記，因為這是我們的份，是應得的。」（《所羅門智訓》2.9）

也許我們要與世界一刀兩斷。也許我們要按世界的實相來描述它：「賊窩」、「惡人政權」、「巴比倫大淫婦」。也許我們要劃清界線，遠離世界事務。也許我們要將圍牆建得更高，將護城河擴得更闊，任讓世界繼續沉淪。也許如此。

耶穌彷彿預計到我們會有避世的趨向，所以對門徒說：「你們是世上的光⋯⋯你們的光也當這樣照在人前，叫他們看見你們的好行為，便將榮耀歸給你們在天上的父。」（太五 14、16）耶穌不但沒有贊同避世，反倒給我們「向前走」的指令。我們要帶著光明、盼望、美善向前走。我們是耶穌的腳、耶穌的手，為世界帶來希望與醫治。誠然我們不「屬」世，但我們都「在」世，是百分百的公民，應為世途上的旅伴謀求福祉——我們努力作工，竭力禱告，渴望上帝所造的一切得以更新。

這是否等於說基督徒要對全世界都負上責任？是！我們既與上帝同工，就要對全世界都負上責任。我們是世上的光、世上的鹽、世上的酵。

既然如此，怎樣善用此生？方法肯定有許多，但基督教簡淳具有重大意義，有助更新世界：環境、社會、體制、羣體各方面。這個策略能帶來大規模的改變，而我們可以在每日、每時、每刻參與其中。我們奉行簡淳生活，就能增添影響世界的機會，讓身邊一切變得更好。

執政的、掌權的

任何關於基督教簡淳的討論——尤其與我們此時此地身處

社會的關係——務必從理解「執政的、掌權的」開始，如保羅所言：「我們並不是與屬血氣的爭戰，乃是與那些執政的、掌權的、管轄這幽暗世界的，以及天空屬靈氣的惡魔爭戰。」（弗六12）保羅從不滿足於個人層面的敬虔，更不會逃避世間的疑難，所以提醒我們一個事實：我們正參與一場宇宙性的鬥爭，那是善惡、生死、愛恨之爭。保羅勸誡我們要好好備戰，這爭戰需要我們投入所有的時間、心思、才幹。我們是上帝的同工，既要謙卑又要剛強，為世間謀求福祉。

我們首先要認識保羅口中「執政的、掌權的」是甚麼——斷不是流行小說所描述的那些漂浮在國家、城市、房屋上空的幽靈，等候時機攻擊人類（稍後我們會看「執政的、掌權的」**是甚麼**）。再者，當保羅說我們爭戰的對象並非「屬血氣的」，這不等於說「屬血氣的」不重要，恰恰相反，屬血氣的十分重要，保羅不過在提醒我們，在屬血氣的背後還有屬靈氣的，這屬靈氣的會影響屬血氣的。

在保羅心中「執政的、掌權的」涉及幾樣物事相互作用：人物性格、具意識的靈界權勢、制度與政策、文化氛圍(即時代精神)。

論到「人物性格」，我們不會陌生。諸如伊迪．阿敏（Idi Amin）這樣的暴君，導致民不聊生。相反，諸如林肯（Abraham Lincoln）這樣的好領袖，可以憑著勇氣與智慧，引領人民走出陰霾。然而人物性格不過是整個故事的一小部分。

論到「具意識的靈界權勢」，指的是人眼所見之外的現實，這現實對人間事情有實質影響；它並非無意識的「力量」，而是有意識的靈界存有（spiritual beings）。再者，這些靈界存有，稱為「掌權的」(*exousia*)，既可以是善(羅十二章)，也可以是惡(弗六章)。

「制度與政策」是人物性格與具意識的靈界權勢之間積極互動的結果——可以是不義的政策及腐敗的制度。具意識的惡——撒但及其爪牙，可以、亦真的會化身為人間組織，形成所謂「制度性罪惡」。當然另一面的可能性亦存在：制度與組織可以為人類帶來美善與祝福。在合乎公義的政策及公平的法律背後，同樣是強大的屬靈現實——包羅上帝及其天使——以至品格完全的人物。

還有一樣：時代精神，也就是我們身處的文化氛圍——究竟是尊重生命抑或踐踏生命的氛圍？是釋放人抑或捆綁人的環境？是推崇無條件的愛抑或恐懼與仇恨？滿有盼望還是瀰漫絕望？是開放還是封閉、肯定還是否定、慷慨還是計較？文化氛圍就是上述問題的答案之總和，而背後的重要影響，乃是人物性格、有意識的靈界權勢、制度與政策的相互作用。

這四樣物事——人物性格、具意識的靈界權勢、制度與政策、時代精神——的互動，構成了保羅所說「執政的、掌權的」，而你我蒙召要投身這場宇宙性的鬥爭。在以弗所書六章，保羅敦促我們參與羔羊的爭戰，抵擋一切邪惡的執政掌權者。我們對抗屬魔鬼的制度及不公義的權勢，靠的是以弗所書六章所說的兵器——真理、公義、平安、信德、禱告。我們在個人、社會、組織、制度的各個層面向邪惡進擊。

正如任何戰爭，與「執政的、掌權的」爭戰也是全方位的。

面對貧民窟失修單位的無良業主，背後的權勢是貪婪，我們要倚靠上帝的權柄向他們發話。面對公共政策的制訂者或大企業的管理人，我們內裏的力量從何而來？來自禱告、禁食、簡淳、順服。

我的意思不是四出向人引述聖經金句，甚至滿口宗教術語。我還清楚記得，有一次我們一行五人要與一位白宮高層會面，討論幾個棘手的和平議題。會面前，我們五人先一起禱告，祈求能清楚基督心意，並能在會面中感受基督同在。在會面中我們沒有用「宗教」語言，但整個面談似乎甚有「分量」，那位高層全程十分專注，我真心相信我們的話帶著能力。好了，那次會談改變了甚麼政府決策嗎？我沒有答案，但我肯定一事：假如只用虔誠的術語包裝我們的建議，所能成就之事必然更微不足道。

地產霸權

今日回望納粹德國的反猶太主義或吉姆．克勞法（Jim Crow laws）的種族歧視，很容易看出其弊端，但像這樣黑白分明的議題是罕見的。（老實說，上述議題在當其時亦非「黑白分明」，因為他們都囿於當其時的文化迷霧。）且讓我舉一個並非「黑白分明」的例子：房地產買賣。請注意我沒有譴責或定罪的意圖，我自己擁有房屋和土地，決非置身事外。我想大家留意的，是「執政的、掌權的」可以何等陰險與狡詐。

今日其中一樣最具毀滅性的制度，是建立起土地及其上房產的價值。這制度在社會經濟層面令大多數社羣被隔離。人繪製地圖，劃定界線，按照價高者得的原則出售土地，將土地視作拍賣會中的藝術品。然而，將土地當作商品，是明顯對聖經啟示視而不見：「地和其中所充滿的，世界和住在其間的，都屬耶和華。」(詩二十四1)從許多方面來說，土地是上帝的，亦只屬於上帝。但人將土地視作自己的創造物，又買又賣，於是土地及其上房產的價格由市場決定。

雖然自由市場經濟本身非善非惡，但它的實施(就是它的每項交易)，對各個參與者就會產生或好或壞的影響。且以房地產為例，在自由市場經濟制度下，最多人想擁有的地段，就是最昂貴的地段，實例不勝枚舉：滑雪區的豪宅、近沙灘的度假屋。不那麼明顯、但同樣暗藏高低的，包括市鎮中「較佳」地段的住宅及商業單位，或「較受歡迎」的州分，或擁有「大量工作機會」的區域。綽有餘裕的一族，可以住在任何自己喜歡的地段，而且彼此為鄰。捉襟見肘的一族，就聚居在其他沒那麼富裕的地段。這兩個因素加起來，促成了貧富之間的隔閡。

別忘了「執政的、掌權的」——富裕家庭選擇住在富豪區，當然有許多的合理原因，但整體而言，這給窮人帶來的壞影響極其深遠。若然富人高度集中，與窮人分開，撥給學校、基建及公共服務的資源亦必然失衡(因為地區稅收有巨大差別，而稅收決定了設施的多寡)，窮人會得到較差的公共服務，就業、社交、參與文娛活動的機會亦較少。再者，窮人與富人隔離的結果，是窮人與經濟主流失去聯繫，繼而進一步被邊緣化。富人與窮人的鴻溝日益擴大，原本是眾人的公益，變成部分人的私利；原本是眾人齊上齊落，變成窮人寸步難行。

基督教簡淳可以消滅「執政的、掌權的」所帶來的失衡障礙與邪惡的禍害，讓人重納正軌，回到神聖的路上。我們竭力追求簡淳，就是要轉離世人的道路，重新校正焦點，歸向一個又新又富生命力、帶來盎然生機的異象——共同生活（living together）。簡淳生活帶來新的價值，新的價值帶來新的抉擇，進而帶來新的社會。

兩個重大考慮

既然「執政的、掌權的」不限於我們無法控制的靈界權勢，而是關乎幾方面的現實——人與靈與社會與體制——的相互作用，那麼，我們就可以與上帝同工，改革身處的各樣世界制度了。我們是上帝的同工，與祂合力為上帝的創造，重建一個正常運作的世界。

由是我們探討基督教簡淳的第一點：**我們能否設定基線與目標，藉著福利救濟或是經濟發展，為世上每個人提供足夠的糧食、衣物和合適的居所？**對基督徒來說，最有力的理據來自馬太福音二十五章，耶穌關乎最後審判的一段話——「人子」對義人說：「我餓了，你們給我吃，渴了，你們給我喝；我作客旅，你們留我住；我赤身露體，你們給我穿；我病了，你們看顧我；我在監裏，你們來看我。」義人不明所以，問人子何時有過這樣的事，耶穌說：「我實在告訴你們，這些事你們既做在我這弟兄中一個最小的身上，就是做在我身上了。」（太二十五 35～40）

今日太多人領受了「片面」的福音：只宣告來世的救恩，卻漠視今世今生的需要。不！我們要宣講涵蓋來世與今生的福音。除了宣講約翰福音三章16節，也要闡述馬利亞在《尊主頌》的生命信息：

他〔上帝〕憐憫敬畏他的人，
直到世世代代。
他用膀臂施展大能；
那狂傲的人正心裏妄想就被他趕散了。
他叫有權柄的失位，
叫卑賤的升高；
叫飢餓的得飽美食，
叫富足的空手回去。（路一50～53）

《尊主頌》早已給譜成歷世歷代的妙曼頌歌，但不論旋律有多動聽，都不應該令人忘卻它的內容與信息。而第一個接收這信息的，是一個未婚懷孕的少女，她身在當時代世界政治的邊緣，一個亡國文化的環境中。正如本書第三章指出，這是一篇對抗腐敗社會的自由宣言，它鞭撻任何「讓少數人致富、讓大部分人貧窮」的制度。耶穌降世受死，就是為了帶來心靈**與**社會的解放——耶穌今日仍想我們做同樣的事。我們是耶穌的門徒，惟願我們具備同樣的心志與熱忱，並以行動幫助人滿足身體與心靈上最基本的需要。

我們就此來到第二個考慮，這考慮源於上述第一個考慮，而且是個嚴肅的考慮。如果基督徒真心擁抱上述目標——為世上每個人提供足夠的糧食、衣物和合適的居所，並以此為福音的內容，大約二十億窮人的生活水平當即大大提升。這無疑是令人振奮的企劃，但同時也是對地球天然資源的一大壓力。試想像二十億人獲得足夠的糧食、衣物和合適的居所，要耗用多少土地、食水、木材及其他資源？試想像全世界的人，若都過著與日本、北美、西歐同樣的豐裕生活，地球承受得來嗎？答案是否定的。

我們因此落入兩難的局面：如果提高全球人口的生活水平，換言之，增加了衣、食、住的供應與消費，就會加速消耗地球的天然資源。提高生活水平的結果，可能是為地球生態帶來無法彌補的破壞，而生命健康繫於生態健康。當然這不是我們不去改善全球二十億窮人生活的理由，但我們必須深思熟慮，小心處理這個挑戰，致力維持經濟發展與生態保育的平衡。

兩個解決方案

我們眼見世上窮人的苦況，自然會苦苦思量解決方案。讓我們探究其中兩個，並檢視當中的隱患。

第一個方案是推行新的經濟架構。目標是通過改變現存體制，為個體帶來益處——資本主義、共產主義，及二者之間的各種主義，都希望帶來這樣的改變，卻始終沒有任何一種能達成其所承諾的豐盛生命。這種種救世良方持續不斷的失敗，顯示集體失敗（就是人無法創造一個我們夢想中的世界）的根源，是我們處理個人事務的方式，而不是包攬一切的經濟體制。

這不是說各樣經濟體制的理論與實施都沒有價值或意義，事實上，無論是資本主義還是共產主義（經濟理論的兩極），都可以在聖經中找到理據。

資本主義似乎在這幾節新約經文找到理據：「基督釋放了我們，叫我們得以自由。」（加五 1）「若有人不肯做工，就不可吃飯。」（帖後三 10）「勞力的農夫理當先得糧食。」（提後二 6）保羅在這些經文中的語氣，極像亞當．史密斯（Adam Smith）的信徒——亞當．史密斯是英國道德哲學家，被公認為自由市場經濟之父。他在其名著《國富論》（*An Inquiry into the Nature and Causes of the Wealth of Nations*）寫道：「每個人都在不斷致力尋找手上可控資本的最有利用途，他所關注的是他一己的益處，而非社會的益處。」[1] 自由、自主、產權，都是資本主義社會的基石，而聖經亦珍視這幾樣物事。

不過共產主義也可在聖經找到理據，舉例說，利未記二十五章所描述的「禧年」概念，就與自由市場經濟背道而馳——每逢禧年，所有土地的產權須歸回原主，這樣的重新分配制度沒有任何轉圜餘地。使徒行傳描述初代基督徒羣體「都是一心一意的，沒有一人說他的東西有一樣是自己的，都是大家公用」（徒四 32）。我們也看到，他們「內中也沒有一個缺乏的；因為人人將田產房屋都賣了，把所賣的價銀拿來，放在使徒腳前，照各人所需用的，分給各人」（徒四 34～35）。這與現代共產主義之父馬克思（Karl Marx）的話互相呼應：「各盡所能，各取所需。」分享、同心、共有，**都**可見於共產主義和聖經啟示 。

從大眾傳媒的激烈討論可見，人人對經濟事務都有自己的看法。我們的話可以說得很漂亮，但說到底我們都在渴求一個體制，讓我們可以付出最少、甚至毫不花費任何成本，而獲得眼前逸樂。人人都喜歡躺著觀看樹上蘋果自動掉落，然後經濟體制自動將蘋果轉為果醬供我們享用。

事實是，人不可能仗賴任何經濟體制幫我們對抗「執政的、掌權的」，因為經濟體制不在我們要面對的層面上。廣義而言，經濟學是研究怎樣從有限物質資源(土地、勞動力、資本)獲取最大效益的學科。資本主義、共產主義或任何經濟體系，不論蘊含了甚麼智慧，都不能改變一個事實：它們是**唯物主義**的體制。如果容讓某個經濟體制主宰我們的世界觀，我們就會成為唯物主義者。但正如我們所知，「執政的、掌權的」是在「天上」，是形而上的實體，掌管著物質世界秩序，是物質世界背後或善或惡的影響力量。要改變這些力量，我們要透穿唯物主義的範式，進到另一種同舟共濟的羣聚方式(being together)，這方式的精義不在乎物質消費，而在乎神聖憐憫。

第二個解決方案，雖然源於憐憫多於消費，卻仍牢牢囿於現存體制。它的強處是診斷。它評估現況，再制訂策略。是饑饉問題嗎？就派發食物給饑民。是房屋問題嗎？就馬上建房。人衣不蔽體嗎？就供應衣物。這方案視世界為一連串要解決的難題。

我們要放眼世界，致力解決它的難題，這也實在關乎許多人的生存。政府、非政府組織、商界、教會、個人……所有人的參與十分重要，大家要一起救助其需要急如星火的一羣。

然而長遠而言，這方案必然失敗。將世界視作一連串要解決的難題，會誤導自己，以為我們可以解決一**切難題**。我們以為只要對現存體制進行小修小補或升級改造，至終必可帶來上帝的平安（*shalom*）。可惜事與願違。

除非全世界的人通力合作，否則我們不可能解決世界的一切難題。假設我們真的做到有效地派發食物給所有饑民了，這狀況又可以維持多久？誰可以保證下一次大饑荒到臨時，國家或民眾仍有同樣的善心？又假設我們真的做到為每個家庭提供住房了，誰負責維修保養呢？隨著人口增加，新的住房由誰建造呢？衣物、醫療福利、環境保護呢？診斷是必須的，但除非每個人於內在性情、外在操練等方面都努力於人類福祉，否則其成果難以持久。

長遠解決之道，乃是從裏到外改變自己及「執政的、掌權的」，使其變得又良善又有憐憫，為一切受造物謀福祉。篇幅所限，如何實踐這種生活模式，我無法在此一一細說，但我可以給大家一些起步的建議，幫助大家向著目標邁開腳步。

兩種可持續的方向

要踐行基督教簡淳生活，有許多不同方法，每個人理應有自由去探索與實驗，找出最適合自己的方式。話雖如此，我相信有一些通用法則，可能對大家有幫助。以下我會講兩項。

其一涉及在宏觀層面思考消費模式，並這消費模式在將來可否持續。踏入二十一世紀，**可持續發展**的理論與實踐，是世界各國的共同需要。過去二百多年來，西歐及北美的發展已達至國民對衣、食、住的基本需要大致滿足的程度，這或多或少要歸功於自由市場經濟與民主體制，但這種「西方生活方式」(甚至對西方社會而言)能否持續下去？不少人都存疑。

雖然西方生活方式也有許多形態，但大致有些共通點：依賴相對價廉、且多半是非再生的能源。如果沒有了這些能源，「西方生活方式」可能很快就落幕。

上述形態有許多面貌，我們只反思其中一樣：美國的能源供應模式。以二〇〇二年為例，百分之八十一美國能源來自非再生化石燃料：石油、天然氣、煤。[2] 家有空調、代步有車、百業興旺——這都能改善生活質素，卻同時需要能源。這些能源使我們安心就業、有生產力、可以通勤、享受室內宜人溫度，卻大多來自終有一天會耗盡的源頭。

有人說五十年後，有人說一百多年後——無論哪個說法正確，總之化石燃料**會有**用盡的一日——又或者其開採成本會飆升至普通人難以負擔的程度。這種對化石燃料的依賴，對日常生活各方面都有影響：工作、消閒、上學、交通，甚至教會。如果明天美國化石燃料短缺，美國人的生活會有甚麼影響？影響會很嚴重嗎？這個假設性問題，遲早會成真。

討論至此，我只想帶出一個明顯的事實：我們目下的生活方式，並非可持續的。現實是，我們所享受著的生活，大多建基於非再生的消費模式。無論是西方國家，**還是**發展中地區，可供消費的資源都是有限的。除非我們停下、反思、再思、大幅改變我們的日常生活方式，否則末日必然臨到——不論是在我們這一代，還是我們的下一代，或**下一代的**下一代。就算我們如今在發展中國家做了甚麼善行，一切好處都是短暫的。如果我們依然故我，經過三四代之後，不論是國內海外，所有人都要承受前人犯罪與自私的惡果。

第二個可持續方向涉及個人層面，我們要仔細檢視自己的生活方式，致力作出改變，務求向著可持續的生活方式進發。

可以循環。可以再用。可以源頭減廢，減少購買。

可以騎單車。可以步行。可以多留在家，與鄰舍打交道。

可以寫作。可以唱歌。可以自娛。可以娛人。

在日常生活中踐行基督教簡淳，是推廣這原則的最主要方法，而我們也可以將這簡淳推廣至我們身處的世界——我們的家、我們的鄰舍、我們的社會、我們的國家。我們可以支持重視社會責任的企業，可以支持環保法案的動議與通過，可以幫助教會弟兄姊妹學習基督教簡淳，還有更多……論到最根本最持久的改變世界方法，就是在日常生活中反思和踐行基督教簡淳。

最後我們細看大家朝夕身處的三個舞台——個人、羣體、社會——想想可以怎樣於此呈現上帝呼召的簡淳，從而帶來改變。

個人立志

基督教簡淳如何影響世界？從個體開始。個人是人類社會的最小單元，也是我們的起步點。

上述說法有聖經佐證。聖經滿載個人生命故事：他們的生平、抉擇，以及抉擇的後果。亞伯拉罕、夏甲、撒拉。以撒與利百加。雅各與以掃。利亞、拉結、悉帕、辟拉。約瑟與兄弟們。這些人都曾作出重大抉擇，而且影響深遠。他們是一家人，關係密切，他們要為自己的所作所為向上帝及家人負責。他們每個人的行動，不論大小、看來舉足輕重抑或似乎無關痛癢，都對整個民族（就是上帝聖約子民以色列）的開創有所影響。

個人責任——從這視角看聖經啟示，有助我們在面對人間世情時懂得問問題。上帝將管家職分交付了第一個家庭（參看創一章），這對我的人生導向有何啟迪？那麼耶穌主動接觸撒該，扭轉了撒該對財產的看法（路十九 1～10），耶穌會否主動接觸我，扭轉我的甚麼看法？我又會怎樣回應？保羅勸勉剛起步的哥林多教會，要追求「和好的職事」（林後五 18～20），我又如何實踐與人和好的功課呢？這都是我們要問的基本問題——我們一手拿著聖經，另一手努力在世界裏踐行基督教簡淳。

本書大部分篇幅都在勉勵個人操練簡淳，走筆至此，我還有甚麼未了的話？就是：要將踐行簡淳放在改變世界的框架內——我們的日常生活大小事務，要扣連家庭、鄰舍、一切受造物的福祉。

這有可能嗎？個人層面的改變世界計劃，成功與否，在乎我們怎樣發揮影響力。魏樂德（Dallas Willard）在《21 世紀天國導論》（*The Divine Conspiracy*）說得好，每個人都有一個王國，國界由其意志決定——即旨意能在哪裏成就，那就是國界。而我們的國界反映了天國在人間的實現程度，是上帝旨意成就的地方。

我們很習慣以天國的觀點去思想。當我們讀到聖經說上帝發出祂的話，萬物由此出現，而大自然的各樣循環，亦由上帝的大能托住（「降雨在地上，賜水於田裏」〔伯五 10〕），我們已經驗到天國的拓展，換言之，經驗到上帝的旨意成就。

同樣，上帝賜給每個人一方「國土」，讓**每個人**的旨意成就，不論是好是壞。在這個精神和肉身的空間裏，我們的言行對世事有確實的影響。若我們的王國合乎上帝的義，所產生的影響也會帶來上帝的義。若我們的王國不義且敗壞，所產生的影響也只會是負面的。王國愈大，所產生的影響也愈大；國界愈小，影響則愈小。惟不論是大是小，終其一生，我們的王國不斷與上帝的國在互相影響。

我們可能只想一生無風無浪，不用作出任何重大抉擇，但上帝不會干犯人的王國領土，換言之，人**必須**自行作決定。因為上帝定意賜人自由意志，天國不會侵犯人的王國——不論後果是好是壞。人是否願意與上帝同工，定意行善；抑或與上帝敵對，自封為一己小宇宙的霸主？完全是個人自由的抉擇。所以說，基督教簡淳要在世間成就，每個人都要打好根基，與上帝同工。

我們千萬不要搞錯了，以為目標是拓展我們的王國，成為一方的霸主。不！目標不是「擴張我的境界」，而是將一己的小小王國與**上帝的國**（上帝的旨意）結盟，以致可以宣告：「不要成就我的意思，只要成就你的意思。」無論我們的心意是大是小，重要的是能夠配合上帝的旨意。

如果是這樣——人人都有一方擁有絕對主權的國土，是上帝所設定的——基督教簡淳對世界的影響就一目了然了。原來我們的決定——吃甚麼、喝甚麼、穿甚麼、住哪裏、與誰一起過日子（換言之，在我們王國所做的所有事）——不但影響自己的人生，而且影響他人的命運。事實上，在一個日益結連的世界，人的行動所帶來的影響遍及上帝的整個創造。我們的王國是否建基於天國價值——公平、正義、憐憫、忍耐、仁愛等等？我們的王國是否映照出一種可持續栽培生命的生活方式？我們的心意是否與上帝的旨意相合？

操練基督教簡淳，就是創造空間讓人反思、檢討、計劃、改變自己的生活方式，以致能夠辨識並摒棄世界的價值體系，並以天國的價值體系取而代之。此外，簡淳為人帶來空間、時間、精力、資源，使我們能夠重新安排自己的生活，在日常生活中尋求上帝的國。一日有千個決定，一週有萬個決定，一生有數不清的決定，這些決定加起來，每個人的王國對自己及整個世界的影響就非常巨大了。通過反思及回應，每時每刻都是機會，讓人在自己的王國裏行善，並與天國所培養出來的美善互相契合。我們在踐行基督教簡淳的同時，生活方式會改變，優次與行為也會益加配合上帝的旨意，其所生發的漣漪，會超出我們想像。

那麼，我們應從哪裏開始？要配合上帝的旨意度日，首先要怎樣做？要怎樣開始更新我們的國界？有許多可行的路徑。要提高行動意識，可以透過閱讀、聆聽、觀察。旅遊可以變為服事窮人的機會、或逆向地從窮人學習功課的機會。可以與跟自己迥異的人交朋友，可能是來自異國的留學生，或是種族跟自己不同的鄰居。可以削減日常開支，降低生活水平。可以少吃肉類，轉吃更多的水果、蔬菜，或其他低碳排放的選擇。

不論每個人的路徑是甚麼，目標都是一致的，乃是調整優次，將原本只顧自己的需要，轉為多顧他人的需要。惟願這既是短期目標（例：扶貧項目），也是長期目標（例：改革制度）。惟願我們的生活能促成世界資源更公平的分配，並建立更共融更包容的社會。

論到體現基督教簡淳，再基本不過的，是接受自己的本相。我們對自己的本相愈不接納，就愈會從物質去尋求價值；對自己的本相愈接納，就愈不會從物質去尋求價值。

學習接納自己的本相，並認識這與簡淳生活的關係，實在是頭號大事。我們西方社會一族，實在是消費經濟實驗室的白老鼠。不斷有聲音告訴我們，只要購買這產品或那服務，一切就會好起來！這些聲音無非在鼓勵消費。要成為理想中的人物，就要不斷消費！這背後的口號是：「我買，故我在。」這是我們必須對抗的權勢。

基督教簡淳引領我們朝著一個截然不同的的方向前行。我們要聚焦於一（而非眾）、澄明（而非扭曲）、簡約（而非紛繁）。我們要重新定位——愈來愈接納自己的本相，愈來愈抗拒消費主義。

我們益加接納自己的本相，內心漸趨平靜，隨之而來的就是天翻地覆的改變。巴斯噶（Blaise Pascal）說：「人不快樂的主因，是未能靜靜安坐家中。」[3] 這話說得太滿了嗎？我不認為是。人類（及其他受造物）的禍端，大多從人類而起。死於戰爭與饑荒的人無數，禍端從何而起？答案是人的行為。貧富懸殊因何而來？人的行為。生物多樣性鋭減因何而來？人的行為。假若大家聽信巴斯噶對重獲快樂的智慧，無疑「所做的」會大減——而這正是重點所在：人就是做得太多了！而人做得太多，是因為心底不接納自己及現況。我們可以有這樣的天國口號嗎？「愈小愈好」「少擁有，少做事」「死前東西最少，才是最大贏家」。

另一個以個人行動踐行基督教簡淳以改變世界的操練，是學會珍惜已擁有的、並將來必擁有的一切。昔日潘霍華在一個崇尚攫奪的納粹德國文化氛圍中説出這樣的話：

> 我們必須不斷重新發現對質素的重視，並將一切建於質素之上。質素是任何形式「拉平主義」的大敵。在社會層面，要堅拒爭權奪位；反對「明星」膜拜；不諂上不藐下——尤其在選擇密友的事上；不但享受私人生活，也勇於參與公眾事務。在文化層面，要遠離報紙收音機而多讀書，減少刺激活動而增加從容閒暇，少分心而多專心，少煽情而多反省，少技術而多藝術，去浮誇而尚謙恭，去奢侈而多節約。求數量帶來競爭，求質量帶來互補。[4]

減少藏書，增多讀書。縮減旅程，多加休息。減少家居面積，增多家庭溫暖。上述説法與向來聽到的世言背道而馳——世界重視物多於人，重視物質多於關係。

如何培養一顆「重質量輕數量」的心？可以試試用欣賞文化

取代消費文化。消費文化煽動對現況不滿，欣賞文化勸人接納現況。消費文化要更多又更多，欣賞文化知足常樂。消費文化從外在尋找意義，欣賞文化尋找內在含義。消費文化總是忐忑，欣賞文化平靜穩妥。「你們得救在乎歸回安息；你們得力在乎平靜安穩」——以賽亞的話寫給他的同代人，也寫給我們這代人（賽三十 15）。欣賞文化讓人明白「少其實是多」——因此人人可以變得足夠。

最後一樣體現基督教簡淳的操練，是敢於為了拓展天國事業而冒險。我們的主流文化是避免冒險。我們害怕尷尬，服用減少焦慮的藥物。我們害怕失去財產，要鎖上門及買保險。我們害怕交通意外，所以買最大的汽車。當然我們可能有理由要服藥、買保險、坐大車，但人生有些意料之外的轉折，是總也逃避不了的。

避免冒險，就難獲得有意義的人生——這對任何人如是，對基督徒尤其如是。要拓展天國事業，必須敢於冒險。與我們同工的那一位基督如此說：「不要為生命憂慮吃甚麼，喝甚麼；為身體憂慮穿甚麼……要先求他的國和他的義，這些東西都要加給你們了。」（太六 25、33）耶穌知道，如果保護自己是實現人生夙願的主要策略，你的確可以實現夙願，但那只是**你的人生夙願**，而非**上帝為全人類設定的人生夙願**。上帝邀請你將祂的生命帶進人間，而這意味你必須冒險。

在我們的世界，家中有影音設施，社區有門禁，人人高舉個人權利，也許我們要冒的第一個險，就是結交鄰舍！誰是我們的鄰舍？他們關注甚麼？他們有甚麼人生故事？我們能否犧牲家庭時間、工作時間、教會時間、休息時間，嘗試結交街坊鄰里？這會否強人於難？會否侵犯私隱？鄰舍會否冷待我們？若發現鄰舍很討厭怎麼辦？鄰舍麻煩多多怎麼辦？諸如此類的疑問。但在今日個人主義肆虐的世代，嘗試結交鄰舍，已經是拓展天國事業的首個值得冒險的任務了。

不過個人行動始終有限，我們必須與**羣體**同工，一起踐行基督教簡淳。我們接下來談談羣體。

羣體改革

個體是人類社會的單元，但極少人會自願「孤身走我路」，而會選擇與人同行，組合起來，建立組織，為了相同目標而共同努力——可能是養育兒女，謀生，敬拜上帝，保護私產，或任何別的原因。只要有兩個或以上的人聚集，有共同的結連理由，就會產生羣體。

整體是所有單元的總和。羣體——小至青梅竹馬的戀人結為夫婦，大至聯合國組織——會創造一種共同文化，反映個別成員的關注和價值。大致而言，任何組織都會鼓勵成員行其所信所為，因為成員參與組織是為得到肯定，而非質疑。若成員是好，組織令成員變得更好；若成員是壞，組織使成員變得更壞。組織的本質，建基於成員的本質。

羣體的行動，為世界帶來或好或壞的影響。那些連繫羣體的根基、建立並維繫婚姻、生意、教會、政府的共同理念，可以栽培生命，亦可摧殘生命——若屬於後者，人常稱之為「制度性的惡」。以種族問題為例，美國在一九五〇至一九六〇年代民權運動風起雲湧之前（甚至在其後至今日），許多組織都有種族歧視的傾向與行為，這種歧視可以是不成文的，亦可以是成文的，而且廣被接納或容忍。譬如「反異族通婚法」長期在美國州政府或地方政府執行，直到一九六七年才悉數廢除。反對種族歧視的法案在一九六四年正式通過，但時至今日的美國，仍不難耳聞目睹各樣種族歧視行為：酒店服務被拒、計程車拒載、房貸申請不獲接納等等。近來在美國有幾個基督教宗派為其以往的種族歧視行為公開懺悔，但正如馬丁．路德．金（Martin Luther King Jr.）所言，主日禮拜依然是「一個星期裏各個種族分隔得最開的時刻」。在法律層面，政府措施不能以種族為考慮基礎，但自從二〇〇一年「九一一事件」起，美國各級政府執法機關皆進行「種族貌相」（racial profiling）。體制的組織及行為可以栽培生命，亦可摧殘生命，而今日很多體制均與天國價值格格不入。

假若日常交往的羣體成員在本質上出了問題——具體意思是他們的目標總體而言是違反上帝旨意的——我們可以怎樣與上帝同工，以致帶來改革呢？一個原本對天國價值不冷不熱（甚至敵對）的體制，怎樣能夠變為賜予生命的體制？一個改革後的體制，可以有甚麼栽培生命的新優次呢？基督教簡淳在上述改革中，扮演甚麼角色呢？

當個體崇尚基督教簡淳，並在日常生活生發作用，體制就必須作出改革。當個體蒙召過簡淳生活，從而促進個體之間的復和，以及伴隨而至的公平公義，羣體也就蒙召將這價值帶進體制：教會、公司、政府、家庭。

羣體改變決不容易，亦花時間。改變通常會削弱羣體創立時的基礎價值理念，而那正是昔日吸引個體走在一起組成羣體的初衷。一個組織要改革，各成員要有新的理念。當改變來了，有的成員會離開，部分是因為仍然緊抱著羣體舊有的根基，也有的是因為接受了別的價值理念，與新的羣體價值理念不合。因此有的羣體改革後獲得新生，有的分崩離析。

基督徒想改革日常接觸最多的羣體，理應先從自身開始。教會這一組織——不論是地方教會還是普世教會，按其本質理應完全擁抱上帝對世界的厚望。聖經向我們啟示了一個生命的異象，那是整全的、圓滿、對一切受造之物皆肯定的：「看哪，上帝的帳幕在人間。他要與人同住，他們要作他的子民。上帝要親自與他們同在，作他們的上帝。上帝要擦去他們一切的眼淚；不再有死亡，也不再有悲哀、哭號、疼痛，因為以前的事都過去了。」（啟二十一 3～4）

歷世歷代的上帝子民，也在同看這個異象。聖奧古斯丁（St. Augustine）說：「其時吾人歇而看，看而愛，愛而頌。無盡之終局，乃如斯。除此以外，吾人夫復何求？」[5] 假若教會能夠多點體現聖經及歷世聖徒所啟示的異象，呈現其美妙與大能，我們就可向世人展示體制改革是甚麼回事。

可歎我們未能做到。可歎教會經常做的，反而是效法一些在世成功的體制，及其理念與優次。可歎教會的焦點，繫於追求人數、外觀、財力，而非拓展上帝國度。可歎我們重視保存自己，而非改革世界。

基督的身體有改變的資源，但教會有改變的意志嗎？教會早已獲賜改變世界的藍圖，但有冒險一搏的勇氣嗎？怎可以向著目標邁進？

教會作為體制之一，必須身先士卒，成為模範，踐行基督教簡淳——在體制層面，不論活動或開支，都應力求簡淳，並講求質素，而且願意冒險。這不過是起點。然後是檢視教會的日常事務——財政預算、聘用條件、場地使用之類。然後是反思堂會在社區、地區以至世界的定位，最後制訂中長期計劃……這是長遠策略。羣體踐行基督教式簡淳，一**定會**帶來改變。

我所建議的，就是體制式的改造。堂會亟需這任務，會眾務必檢視所有的價值、組織、活動、成果，並且預計這一切都會改變——時間、金錢、義工以至每樣資源都要重新調配。會眾要停下來檢討、反思、重塑我們之所是所為所思。我們**可以**重新想像一幅團契簡淳生活的圖畫，然後付諸行動。我們這樣做，不啻向世人展示羣體改革是可行的。

除了在自己的堂會進行改革，也可以在其他所屬組織試行天國原則。上帝關顧世界，包括我們擁有的公司、上班的非政府組織、主理的民間團體、任教的學校、服務的政府機關……統統是讓上帝旨意行在地上的機會，為世界增添真善美。

羣體改革的例子不算罕見，譬如一些教會與其他地方的基督徒平等分享，又或幾個家庭連結為共享社區，互相支持，共享資源。

此外可做的包括調研關乎扶助弱勢社羣的公共政策，幫助邊緣人士融入社會主流；當然也可以支持非政府組織或社企，向胸懷抱負的創業者提供援助，協助他們，叫他們有天終能自己營運下去。

可以列舉的例子還有許多，但我特別想看看一個商場上的例子——這個企業將組織目標從「牟利導向」(profit motive)轉為「先知導向」(prophet motive)。

先談一些經濟現實：毫無疑問，以「牟利」為目標，是西方社會的組織原則——無論在個人或機構皆如是。在個人而言，我們以「收入潛力」、「市場總值」、「每小時生產力」來衡量人的價值——人若在上述幾項「得分」偏低，就會成為經濟邊緣人，不能躋身社會主流。

在機構而言，不論是否牟利組織，成功在乎能否收支平衡，理想當然是有盈利。生意「成功」在乎愈做愈大，打擊甚至打敗競爭者，提高生產效率，賺取最高利潤。不擇手段，不惜代價，為的就是要提高營收。以牟利為目標的企業，必須照顧股東的利益——管理層及老闆以外的福祉，是無暇顧及的。

「以先知導向為目標」則立足於截然不同的基礎上，它也是做生意，但同時體現聖經中的先知信息，譬如阿摩司書五章15節：「要惡惡好善，在城門口秉公行義。」彌迦書六章8節：「世人哪，耶和華已指示你何為善。他向你所要的是甚麼呢？只要你行公義，好憐憫，存謙卑的心，與你的上帝同行。」還有耶穌在馬太福音六章24節的話：「一個人不能事奉兩個主；不是惡這個、愛那個，就是重這個、輕那個。你們不能又事奉上帝，又事奉瑪門。」「以先知導向為目標」的企業，在平衡收支、清楚交帳之餘，還會力求在世上實現上帝的仁愛、憐憫、公義。

修馬克（E. F. Schumacher）在他的著作《小即是美》（*Small Is Beautiful*）提及一家「以先知導向為目標」的公司：一九二一年在英國創辦的斯高特巴德公司（Scott Bader Co. Ltd.）。這公司生產各種合成樹脂及聚合物，應用於建築、密封、裝飾、海事、運輸等行業。在一九五一年（公司成立三十年後），公司擁有一百六十一名員工，收入約六十二萬五千英鎊，獲利約七萬二千英鎊，創辦人兼老闆巴德（Ernest Bader）決定進行一些「革命性改變」，乃是「基於一個信念：希望工業以人類需要為目標」。

巴德這革命有兩步。第一步是將公司擁有權交付一個新成立的法定組織，稱為斯高特巴德同盟（Scott Bader Commonwealth），讓所有僱員成為老闆及管理人。第二步是制訂公司章程，使公司的商業活動受限於六個主要原則：（1）公司人數不可超過三百五十名，一旦超過三百五十名僱員就須分拆為獨立的子公司；（2）員工最低薪與最高薪的比例不得超過一比七；（3）除非嚴重行為失當，否則不可解僱任何員工；（4）員工是股東，對董事有委任、解職、酬謝權；（5）公司盈利六成用作公司再投資及納稅，兩成用作員工花紅，兩成用作慈善捐款；（6）任何產品均不可售予戰爭相關用途。

人人以為上述改革必然失敗，因為似乎會明顯減低公司競爭力，可是二十年後，公司員工增至三百七十九名（成立了幾家分公司），年度收入五百萬英鎊，獲利三十萬英鎊。二〇〇二年，公司員工六百五十名，業務遍佈四大洲七個國家（包括一家在阿聯酋的全資擁有子公司），收入九千五百五十五萬六千英鎊，獲利一百四十三萬英鎊。

修馬克從斯高特巴德公司的成功經驗歸納出五個通則：其一，當擁有權從少數人轉到多數人手上，擁有權就不復存在，取而代之是「管理資產的特定權利與責任」。個人產權仍在，但特定資產的名義消失了。其二，產權從一個人轉移到一班人，同時造就了一個羣體，這班人彼此結連，有共同的任務與利益。其三，共有的產權對員工是新體驗，同時鼓勵大家關注社會公益——公司既為社會的組成單元，理應超越只顧追求最大利潤及無限增長的傳統營商目標，轉而兼顧經濟、技術、社會、政治各個層面的考慮。其四，組織要踐行更宏觀的社會目標，是極不容易的挑戰，成員要花時間去學習。其五，將特定比例的利潤用作慈善捐款，可提高眾人的社會意識。[6]

斯高特巴德公司展示了組織怎樣將「以先知導向為目標」取代「以牟利導向為目標」。這是羣體改革的例子，也是基督教簡淳的體現。實際可以如何施行，端在乎我們的創意與決心。教會、公司、家庭、政府機關——每個組織的改革與發展都不一樣，但都可以簡淳為指導原則。

設若愈來愈多組織按簡淳原則進行改革，社會會有甚麼變化？

社會變化

討論之始，容我提醒大家一個冷酷的事實：人對自己情況有很大的話事權，對所屬羣體方向有一定的影響力，但絕大多數人對身處社會的管理權近乎零。我們的文化——地方的、全球的——是數以十億計的個體、數以千萬計的家庭、數以百萬計的組織的集體行為總和。這是共同建構的奇迹，一個宏大卻互相連結的生態/經濟/社會網絡，教我們目眩神迷。面對它，我們似乎毫無影響力可言。

但我們真的可以有影響力。我們可以盡己所能。我們可以反思並改善自己的人生。我們可以勉勵身邊的人。我們可以承擔自己的責任。我們可以身體力行去過一種生活方式，如果這方式得到愈來愈多人採納，可為世界帶來改變。在南非種族隔離政策廢除的大約三十年前，羅拔．甘迺迪（Robert Kennedy）在南非開普敦（Cape Town）大學演講，他有一段話呼應上述信息：「每當有人為理想而奮鬥，為公益而行動，敢於對抗不公義，一圈希望之漣漪隨即引發，與其他數以百萬能量與勇氣所泛起的漣漪交會，漸成巨大的洪流，可以推倒最高最厚的專制壓迫之牆。」[7]

肯定的是，你我能夠引發的，不過是「一圈漣漪」而已，但它仍有漣漪的作用。比較實際的做法，可能是改變大家對成功的看法，加入「生命力」及「維繫力」的元素。在經濟學而言，不少專家或平民，都會用國民生產總額（Gross National Product，簡稱GNP）來衡量國家經濟狀況：若 GNP 減少，經濟是往下滑，甚至陷入衰退。若 GNP 增加，經濟是步入正軌——若增幅亮眼，就成了投資者及政客的大好機會了。財經界與政界的興衰成敗，與GNP 息息相關。

GNP 是經濟總量的客觀數值，卻不是衡量人類生命整體質素的工具。GNP 量度工業生產，其中包括清理污染的開支。GNP 量度汽車銷量，其中包括交通意外的修理費用。GNP 量度雜誌電影消費額，其中包括色情服務商品的銷量。GNP 量度經濟活動中的好東西，也量度經濟活動中的壞東西及壞影響。兩位學者達利（Herman Daly）與柯布（John Cobb）說得好：「大多數〔經濟學家〕都知道這兩件事：GNP 量度那些包含社會成本的市場活動，也量度那些抵銷社會成本的市場活動。」[8]

何不催促當權者分開量度經濟體系中的好東西與壞東西？何不修改 GNP 的量度方法，譬如將好東西減去壞東西來得出淨值？**何不這樣做？**這樣才可看清楚國家的真正狀況。

我們不可以將世界扭向天國的方向，但我們**可以**改變，**可以**奉獻，**可以**關注。我們**可以**盡己所能踐行基督教簡淳，從而稍稍影響今時今日的「執政的」和「掌權的」。我們可以活出有善行、有意義、有目標的人生。這已經很足夠。上帝會補足一切。對世界來說，這是基督教簡淳的盼望所在。

結語

我們不至於失望。我們所盼繫於全能主上帝的永恆真理。這盼望盡現於耶和華藉先知以賽亞說出的話：

> 看哪！我造新天新地；
> 從前的事不再被記念，也不再追想。

你們當因我所造的永遠歡喜快樂；
因我造耶路撒冷為人所喜，
造其中的居民為人所樂……
豺狼必與羊羔同食；
獅子必吃草與牛一樣；
塵土必作蛇的食物。
在我聖山的遍處，
這一切都不傷人，不害物。
這是耶和華說的。（賽六十五 17～25）

後記：簡淳之簡素

Epilogue: The Simplicity of Simplicity

本書開始時我強調「簡淳不簡素」(the complexity of simplicity)，因為人要真誠地面對現代世界，實在是不簡單。這件事在個人層面已經夠難了，更遑論要考慮教會、國家、國際關係。所以我說「簡淳不簡素」。

但我們若要逃離膚淺，就必須面對這重大挑戰。然而這課題本身暗藏殺機：當我們知道了「簡淳不簡素」，可能會嚇怕了，覺得一切永難臻至。我們在個人層面已是踵決肘見，要麼言行不一，要麼追名逐利，難抵奢侈——還要面對複雜的經濟難題、全球饑饉、國際貿易？這莫大挑戰會使人卻步。我們太快感到沮喪失望，於是悄悄溜出擂台，重新接受現況：「我改變不了世界，甚至不能(或不願)改變自己的生活方式，我還是讓一切維持現狀好了，不做就不錯，不戰就不敗！」

但這實在是錯得離譜。並且我們輸得十分徹底！因為簡淳是耶穌基督的門徒呼召所不可少的，那不是「附加」在基督徒生命之上的事物——以汽車為例，「簡淳」不是汽車的音響器材，而是汽車的引擎或輪子或制動器。簡淳是基督徒靈命操練不可或缺的元素，就像禱告、敬拜或其他操練一樣重要。沒有靈命操練，就做不成基督的門徒。

簡淳是重要的靈命操練，而靈命操練是順服上帝的途徑，是體現門徒生命的可見方式。更重要的是，它是上帝用來改變我們、使我們變得像基督的途徑。威廉．佩恩（William Penn）說：「學像基督，才真的是在做基督徒。」操練簡淳之所以重要也在於此。毫無疑問，昔日耶穌基督過的是完美的簡淳生活，他的核心是上帝，其餘一切從這核心出發。簡淳是作基督門徒的重要一環。

簡淳的代價肯定高昂，只是心懷二意的代價更高。心懷二意令人失去跟上帝這一神聖核心相交的喜樂，失去深信上帝為我們的益處照管萬事的信心，失去那不變的平安，亦因此無法倚靠主的能力，愉快地行走天路。簡言之，心懷二意令人失去耶穌所宣告要賜給人的豐盛生命。簡淳可能不容易，但心懷二意困難得多。

然而弔詭又令人興奮的是，簡淳不簡素，卻又是很簡素。說到底，要解答世上謎團的不是我們。我們要牢記在心的事沒有很多——其實只有一件：要留心聆聽基督這大牧者的聲音。我們要做的抉擇沒有很多——其實只有一個：先求祂的國和祂的義。我們要達成的任務沒有很多——其實只有一項：凡事順從祂。祁克果（Søren Kierkegaard）對此體會精確，即人最終削減至只有一事，就是簡淳之簡素（the simplicity of simplicity）。

所以說，內心對上帝這一核心的神聖順服，就是簡淳的軸心——缺了這軸心，一切都變得很複雜，很艱難；有了這軸心，人生有了秩序，洋溢平安。惟一要做的，就是時刻聆聽天上的呼喚。從心底傳來的叮嚀，是神聖的指引，是愛的叮嚀，照亮人的生命。

耶穌邀請人與祂同負一軛，並說祂的軛是容易的，祂的擔子是輕省的。要馴服牛馬使之與另一牲口同負一軛時，往往會一新一舊地配搭，新的牲口起初會反抗，不斷想掙脫負擔，但這樣做只會令擔子變得更沉重，然而當學會與原有的牲口步伐一致，腳步就會變得輕省了。

我們與有負軛經驗的耶穌同負一軛。我們惟一要做的，是與祂步伐一致。祂會選擇方向，引領前路。我們與祂同行，會很快發現擔子變得輕省了，因為不用照料自己，也不用出主意，這是輕省的擔子！我們過著喜樂且簡淳的人生，不斷聆聽順服祂的旨意。

註釋

第 1 章

1. W. Stanley Mooneyham, *What Do You Say to a Hungry World?* (Waco: Word, 1975), p. 32.
2. Thomas Kelly, *A Testament of Devotion* (New York: Harper & Row, 1941), p. 124.
3. Pope John XXIII, *Journal of a Soul*, trans. Dorothy White (New York: McGraw-Hill, 1965), pp. 278～279.
4. Dietrich Bonhoeffer, *Ethics*, ed. Eberhard Bethge (New York: Macmillan, 1955), p. 68.
5. 《靈命操練禮讚》(*Celebration of Discipline* [New York: Harper & Row, 1978]) 所探討的——默想、禱告、禁食、研習、簡淳、獨處、順服、服事、認罪、敬拜、指引、歡慶——給視為經典的操練，不因它們歷史悠久，乃因它們是體會基督徒信仰的要素。

   昔日當《靈命操練禮讚》預備出版時，有許多副題建議，但我不知道最終決定，但當收到封面書衣的試稿，看到封面副題是「靈命成長諸路」("Paths to Spiritual Growth")，不禁大皺眉頭。我認為這副題在一個要點上搞錯了：十二項靈命操練，不是十二條獨立路徑，讓人在其中自由選擇。正如聖靈的果子只有一個，而不是九個。同樣，靈命成長路徑只有一條，而不是十二條。為此我寫了一封情詞懇切的信，求編輯將「諸路」(“Paths”)改為「之路」(“The Path”)，猶幸出版社採納了我的建議。

6. François Fénelon, *Christian Perfection* (New York: Harper & Brothers, 1947), p. 194.
7. 引自 Fénelon, *Christian Perfection*, p. 194。

第 2 章

1. 參“The OT Term ——”, in *Theological Dictionary of the New Testament* (Grand Rapids: Eerdmans, 1975)。關乎 *mishpat* 這個字在舊約的用法，可參看這篇出色的文章。
2. 有關 *shalom* 的字義，有不少出色的研究專論。一本極佳的小書是 Howard Macy, *The Shalom of God* (Richmond: Friends United Press, 1973)。兩本與基督教簡淳相關而探究 *shalom* 的專書是：John V. Taylor, *Enough Is Enough* (Minneapolis: Augsburg, 1977) 及 Richard K. Taylor, *Economics and the Gospel* (Philadelphia: United Church Press, 1973)。
3. Taylor, *Enough Is Enough*, p. 42.

第 3 章

1. 南加州大學教授魏樂德(Dallas Willard)的生命與教導，對我體會馬太福音六章的信息，帶給我許多啟迪，謹此致意。
2. 關乎「眼睛瞭亮」的意思頗多，其中一個出色的總覽，來自一篇未發表的博士論文：Carol Schaefer, *A Study in the Exegesis of Matt. 6:22 Through an Analysis of* Haplous (Providence: Brown University, 1963)。另一值得參看關於馬太福音六章 22 至 24 節的解經是 Mark Silliman, *The Dark Amen Versus the Light AMEN* (Wichita: Friends University, 1980)。我的說法源自約翰・衛斯理(John Wesley)的觀點，他認為 *haplous* 指的是專一的人生目標——乃是上帝。他由此推論守貧與簡淳的益處與榮耀，並鞭撻追求富裕與目中無神。
3. 引自魏樂德一九七四年春天在加州一家禮拜堂 Woodlake Avenue Friends

Church（Canoga Park）就「登山寶訓」講道的內容。

4. Martin Hengel, *Property and Riches in the Early Church* (Philadelphia: Fortress Press, 1973), p. 27.

第 4 章

1. 引自 D. Elton Trueblood, *The Best of Elton Trueblood: An Anthology,* ed. James R. Newby (Nashville: Benson, 1979), p. 70。
2. John Woolman, *The Journal of John Woolman* (Secaucus: Citadel Press, 1971), p. 41.
3. 引自 Hengel, *Property and Riches in the Early Church*, p. 45。
4. Tertullian, "The Apology of Tertullian," in Alexander Roberts and James Donaldson, eds., *The Ante-Nicene Fathers,* 8 vols. (Buffalo: Christian Literature, 1887), 3:46.
5. "The Teaching of the Twelve Apostles," in Roberts and Donaldson, *The Ante-Nicene Fathers*, 7:378.
6. Eusebius, *The Ecclesiastical History*, trans. Christian Frederick Cruse, reprint ed. (Grand Rapids: Baker Book House, 1958), bk. 4, chap. 23, p. 160.
7. "The First Epistle of Clement to the Corinthians," in Roberts and Donaldson, *The Ante-Nicene Fathers*, 1:15.
8. "Epistle of Clement to James," in Roberts and Donaldson, *The Ante-Nicene Fathers,* 8:220.
9. 引自 *Quotations from Chairman Jesus,* ed. David Kirk (Springfield: Templegate, 1969), p. 175。
10. "The First Apology of Justin Martyr," in Roberts and Donaldson, *The Ante-Nicene Fathers,* 1:186.
11. "The First Apology of Justin Martyr," in Roberts and Donaldson, *The Ante-Nicene Fathers,* 1:42～43.
12. 引自 Henri Nouwen, "The Desert Counsel to Flee the World," *Sojourners* 9 (June 1980): 15。
13. Helen Waddell, trans., *The Desert Fathers* (Ann Arbor: University of

Michigan Press, 1957), p. 85.
14. 引自 Henri Nouwen, "Silence, the Portable Cell," *Sojourners* 9 (July 1980): 22。
15. Waddell, *The Desert Fathers,* p. 123.
16. Waddell, *The Desert Fathers,* p. 112.
17. Paul Sabatier, *Life of St. Francis of Assisi* (New York: Charles Scribner's Sons, 1894), p. 83.
18. Sabatier, *Life of St. Francis of Assisi*, p. 114.
19. Sabatier, *Life of St. Francis of Assisi*, p. 307.
20. Raphael Brown, trans., *The Little Flowers of St. Francis* (Garden City: Doubleday, 1958), p. 68.
21. Brown, *The Little Flowers*, pp. 81 ~ 82.
22. Brown, *The Little Flowers*, pp. 58 ~ 60.
23. Theodore G. Tappert, ed., *Selected Writings of Martin Luther: 1520 ~ 1523* (Philadelphia: Fortress Press, 1967), p. 20.
24. Tappert, ed., *Selected Writings of Martin Luther*, p. 37.
25. Tappert, ed., *Selected Writings of Martin Luther*, p. 43.
26. Tappert, ed., *Selected Writings of Martin Luther*, p. 47.
27. John Calvin, *Commentaries of the Epistle of Paul the Apostle to the Romans* (Grand Rapids: Eerdmans, 1947), p. 481.
28. George Fox, *The Journal of George Fox* (London: Cambridge University Press, 1952), p. 11.
29. 引自 Lewis Benson, *A Revolutionary Gospel* (Philadelphia: Tract Association of Friends, 1974), p. 9。
30. William Penn, *No Cross, No Crown* (London: Barrett, 1857), p. 251.
31. George Fox, *Works of George Fox,* reprint ed. (Philadelphia: Gould, 1831), 4:194.
32. Hugh Barbour and Arthur Roberts, eds., *Early Quaker Writings* (Grand Rapids: Eerdmans, 1973), p. 115.
33. 引自 First Centenary United Methodist Church, Chattanooga, Tennessee, 1980 年 6 月 29 日的週刊，頁 1。

34. John Wesley, *The Journal of John Wesley,* ed. Percy Livingstone Parker (Chicago: Moody Press, 1951), p. 409.
35. Francis Asbury, *The Journal of Francis Asbury* (London: Epworth Press, 1958), 1:4.
36. Howard Taylor, *Hudson Taylor's Spiritual Secret* (Chicago: Moody Press, 1932), p. 26.
37. Kenneth Scott Latourette, *A History of Christianity* (New York: Harper & Brothers, 1953), p. 1186.
38. J. H. Worcester, *The Life of David Livingstone* (Chicago: Moody Press, n.d.), p. 75.
39. Worcester, *The Life of David Livingstone*, p. 100.
40. 若想知更多資料，可參 Dallas Lee, *The Cotton Patch Evidence* (New York: Harper & Row, 1971)。
41. Girolamo Savonarola, *De Simplicitate Christianae Vitae* (Rome: Angelo Belardetti Editore Roma, n.d.), p. 188。很遺憾這書沒有英譯本，猶幸方濟會神父 Lawrence F. Frankovich 翻譯了這書的重要篇章，特此致謝。
42. Savonarola, *De Simplicitate Christianae Vitae*, pp. 64 ~ 65.
43. Søren Kierkegaard, *Purity of Heart Is to Will One Thing* (New York: Harper & Brothers, 1938), p. 27.
44. Kierkegaard, *Purity of Heart Is to Will One Thing*, p. 29.
45. Woolman, *The Journal of John Woolman*, p. 41.
46. Woolman, *The Journal of John Woolman*, p. 168.
47. Woolman, *The Journal of John Woolman*, p. 231.
48. 引自 Goldian VandenBroeck, ed., *Less Is More* (New York: Harper & Row, 1978), p. 223。

第 5 章

1. J. R. R. Tolkien, *The Silmarillion* (New York: Allen & Unwin, 1977), p. 8.
2. Kelly, *A Testament of Devotion*, p. 115.
3. Kelly, *A Testament of Devotion*, p. 115.

4. Kelly, *A Testament of Devotion*, p. 115 ～ 116.
5. 引自 Francis Florand, *Stages of Simplicity* (St. Louis: Herder, 1967), p. 147。
6. 這概念源於 Thomas Kelly 的書 *A Testament of Devotion*, pp. 114 ～ 115。
7. Frank Laubach, *Learning the Vocabulary of God* (Nashville: Upper Room, 1956).
8. Laubach, *Learning the Vocabulary of God,* p. 23.
9. Brother Lawrence (Nicholas Herman of Lorraine), *The Practice of the Presence of God* (Philadelphia: Judson Press, n.d.), p. 26.
10. Meister Eckhart, *Meister Eckhart*, trans. C. de B. Evans (London: Watkins, 1956), 1:59.
11. 引自合訂本 Frank C. Laubach, *Christ Liveth in Me* 及 *Games with Minutes* (Westwood, NJ: Revell, 1961), p. 61。
12. Kelly, *A Testament of Devotion,* p. 124.
13. Blaise Pascal, *Pensées,* trans. W. F. Trotter, The Modern Library (New York: Random House, 1941), p. 74.
14. Wayne E. Oates, *Nurturing Silence in a Noisy Heart* (Garden City: Doubleday, 1979), p. 3.
15. Frank C. Laubach, *Open Windows, Swinging Doors* (Glendale: Gospel Light Publications, 1955), pp. 34 ～ 35.
16. Fénelon, *Christian Perfection*, p. 204.

第 6 章

1. T. S. Eliot, *The Four Quartets* (New York: Harcourt, Brace & World, 1943), p. 39.
2. 引自 Kelly, *A Testament of Devotion,* p. 52。
3. Fénelon, *Christian Perfection,* p. 196.
4. Fénelon, *Christian Perfection,* p. 196.
5. Fénelon, *Christian Perfection,* p. 194.
6. Fénelon, *Christian Perfection,* p. 194.
7. Brother Lawrence, *The Practice of the Presence of God,* p. 39.

8. Fénelon, *Christian Perfection,* p. 196.
9. Fénelon, *Christian Perfection,* pp. 198 ~ 199.
10. Fénelon, *Christian Perfection,* p. 201.
11. Fénelon, *Christian Perfection,* p. 203.
12. Fénelon, *Christian Perfection,* p. 204.
13. Fénelon, *Christian Perfection,* p. 197.
14. Julian of Norwich, *Showings* (New York: Paulist Press, 1978), p. 205.
15. Blaise Pascal, *Love Aflame: Selections from the Writings of Blaise Pascal* (Wilmore: Asbury Theological Seminary, 1974), p. 3.
16. Kelly, *A Testament of Devotion*, p. 69.
17. Søren Kierkegaard, *Christian Discourses*, trans. Walter Lowie (Oxford: Oxford University Press, 1940), p. 322.
18. 引自回覆美國參議員 Mark Hatfield 祝賀她獲授諾貝爾和平獎的信，刊在 *Major Addresses Delivered at the Conference on Faith and Learning* (North Newton: Bethel College, 1980), pp. 85 ~ 86。

第 7 章

1. 其中一本是 George Fooshee, *You Can Be Financially Free* (Old Tappan, NJ: Revell, 1976)。
2. Catherine de Hueck Doherty, *Poustinia: Christian Spirituality of the East for Western Man* (Notre Dame: Ave Maria Press, 1974), p. 216.
3. 引自 VandenBroeck, *Less Is More*, p. 26。
4. Richard E. Byrd, *Alone* (New York: Putnam's Sons, 1938), p. 19.
5. John Wesley, "Nv. 1767," *The Journal of the Reverend John Wesley* (London: Epworth Press, 1938).
6. 引自 VandenBroeck, *Less Is More*, p. 21。

第 8 章

1. Adam Daniel Finnerty, *No More Plastic Jesus* (New York: Dutton, 1978), p. 17.

2. John Stott, *Lausanne Occasional Papers*, no. 3: *The Lausanne Covenant — An Exposition and Commentary* (Wheaton: Lausanne Committee for World Evangelism, 1975) p. 21.（譯註：引自第二屆世界福音洛桑會議《洛桑信約》中譯本第 9 項，見 https://lausanne.org/zh-hant/covenant-zh-tw/lausanne-covenant）
3. Floyd and Norma Souders, *Friends University: 1898～1973* (North Newton, KS: Mennonite Press, 1974), p. 11.
4. 引自 John Mitchell, *Enough Is As Good As a Feast*（*Third Way* magazine, London, England, 1979), p. 1。
5. Elizabeth O'Connor, *Letters to Scattered Pilgrims* (San Francisco: Harper & Row, 1979), p. 5.
6. O'Connor, *Letters to Scattered Pilgrims*, pp. 6～7.
7. Mooneyham, *What Do You Say to a Hungry World?,* p. 76.
8. Woolman, *The Journal of John Woolman*, p. 18.
9. Woolman, *The Journal of John Woolman*, p. 18.
10. Thomas Merton, *The Sign of Jonas* (New York: Harcourt, Brace, 1953), p. 261.
11. Jacques Ellul, *Violence: Reflections from a Christian Perspective* (New York: Seabury, 1969), p. 151.
12. Ellul, *Violence*, p. 155.
13. Kierkegaard, *Christian Discourses*, p. 344.
14. 引自 VandenBroeck, *Less Is More,* p. 70。
15. 引自 VandenBroeck, *Less Is More,* p. 127。

第 9 章

1. 引自 *Post-American* 1 (Summer 1972): 1。
2. Douglas V. Steere, ed., *Selections from the Writings of Bernard of Clairvaux* (Nashville: Upper Room, 1961), p. 6.
3. 引自 Leland Ryken, "The Puritan Work Ethic: The Dignity of Life's Labors," *Christianity Today*, Oct. 19, 1979, p. 17。

4. Lee, *The Cotton Patch Evidence*, pp. 86 ~ 87.
5. 我因此想到這例子，Kara Cole, *The Church — Every Person a Minister* (Dublin: Prinit Press, 1980), pp. 11 ~ 13。

第 10 章

1. Adam Smith, *An Inquiry into the Nature and Causes of the Wealth of Nations* (New York: Random House, 1937), p. 421.
2. Christa Hartsook, "United States Energy Industry Overview" (Ames, IA: Agricultural Marketing Resource Center, Iowa State University, Apr. 2004), p. 3.
3. Blaise Pascal, *Pensées* (New York: Penguin, 1966), p. 67.
4. Dietrich Bonhoeffer, *Letters and Papers from Prison* (New York: Macmillan, 1971), p. 12.
5. St. Augustine, *The City of God* (New York: Random House, 1950), bk. 22, chap. 30, p. 867.
6. E. F. Schumacher, *Small Is Beautiful: Economics As If People Mattered* (New York: Harper & Row, 1973), pp. 293 ~ 301.
7. Edward O. Guthman and C. Richard Allen, eds., *RFK: Collected Speeches* (New York: Penguin, 1993), pp. 243 ~ 244.
8. Herman E. Daly and John B. Cobb Jr., *For the Common Good: Redirecting the Economy Toward Community, the Environment, and a Sustainable Future* (Boston: Beacon Press, 1989), p. 64.

延伸閱讀

Streams of Living Water: Celebrating the Great Traditions of Christian Faith by Richard J. Foster（中譯：《屬靈傳統禮讚》）
基督教會靈修傳統歷史——探究基督教信仰生活六大傳統的貢獻，務求兼容並蓄，從中找出靈命更新的均衡之道。

A Spiritual Formation Workbook: Small Group Resources for Nurturing Christian Growth by James Bryan Smith with Lynda L. Graybeal
為靈命塑造小組而寫的初階練習本——如何開辦小組、九次聚會的研習規劃、靈修導向問卷等。

Wilderness Time: A Guide for Spiritual Retreat by Emilie Griffin
探討離羣獨自禱告的重要——闡釋開始的契機，並引領讀者一步步走向正規的退修。

Spiritual Classics: Selected Readings on the Twelve Spiritual Disciplines co-edited by Richard J. Foster and Emilie Griffin
基督教二千年靈修著作摘錄。按照靈命操練需要，每項皆有著作摘錄、經文參考、反思問題、練習活動和默想指引。

Embracing the Love of God: The Path and Promise of Christian Life by James Bryan Smith
基督之愛的基本原則——本於接納與關顧，建立與上帝、與自己、與他人關係的新範式。

Songs for Renewal: A Devotional Guide to the Riches of Our Best-Loved Songs and Hymns by Janet Lindeblad Janzen with Richard J. Foster
靈感源於各類歌詞的靈修著作——黑人靈歌、美國民謠、福音歌、傳統詩歌、當代聖詩及頌歌——不拘一格，皆本於豐富多采的基督教傳統。

A Spiritual Formation Journal: A Renovaré Resource for Spiritual Formation created by Jana Rea with Richard J. Foster
A Spiritual Formation Workbook 的補充本，讓讀者書寫心得、禱文、徵引、疑問、習作、工作紙等。

The Renovaré Spiritual Formation Bible
以「與上帝同在的生命」為主題，按 New Revised Standard Version（NRSV）版本將整卷聖經分為上帝建立天國子民的十五個時期——聖經全卷及各卷簡介、人物簡介、經文註釋、以「靈命成長」為關注的問題與習作等。

傅士德其他著作

Celebrating the Disciplines: A Workbook Journal to Accompany Celebration of Discipline by Richard J. Foster and Kathryn A. Helmers
實用的日記/練習本設計，幫助讀者以全新方式反思、體驗、整合生活中的靈命操練。

Celebration of Discipline: The Path to Spiritual Growth（中譯：《靈命操練禮讚》）
十二項靈命操練的基要指引——默想、禱告、禁食、研習、簡淳、獨處、順服、服事、認罪、敬拜、指引、歡慶。

The Challenge of the Disciplined Life: Christian Reflections on Money, Sex, and Power（中譯：《基督徒看錢、性與權勢》）
探討三大道德主題——錢、性、權——基督徒如何活出忠信生命，並基督徒的定位。

Prayer: Finding the Heart's True Home（中譯：《禱告真諦》）
一本暖心、懾人、體貼的導讀本，幫你明白、體驗、操練不同形式的禱告——從儀文到代求，從簡短的禱告到不住地禱告。

Prayers From the Heart
按照人生旅程的三個向度，選出不同的禱文——向內心觀察，向上帝展臂，向外望人羣。

Richard J. Foster's Study Guide for Celebration of Discipline
短小精悍的文章結集，延續《靈命操練禮讚》的討論課題。

Seeking the Kingdom: Devotions for the Daily Journey of Faith（中譯：《移動的聖所》）
傅士德四本最重要著作（《靈命操練禮讚》、《基督徒看錢、性與權勢》、《世界很喧鬧，但你仍然可以很簡淳》、《禱告真諦》）的摘要結集，配以參考經文及反思問題。

Study Guide to Money, Sex & Power（*Money, Sex & Power* 現名為 *The Challenge of the Disciplined Life*）
《基督徒看錢、性與權勢》小組研讀練習本。